입사 3년차,
월급만으로는 살 수 없다는 걸 알았다

입사 3년차, 월급만으로는 살 수 없다는 걸 알았다

이성헌 지음

매일경제신문사

"늦게 시작해서

격차를 줄이기 위해 고군분투하는 것보다

조금 일찍 시작해서

그 여세를 몰아가는 것이 낫다."

워런 버핏

돈을 불리려면 팩트를 정복하라!

먹고사니즘을 위해 회사에서 일만 하는 당신!

시간도 없고 돈도 모이지 않는 상황, 무엇이 문제일까요?

지나친 욜로 분위기를 경계합니다. 당연히 현재의 행복이 중요하고 기왕이면 젊었을 때 즐기면서 사는 것이 좋다는 말에 동의합니다. 저도 즐기려고 애쓰지요. 다만 현재의 나를 생각하는 것만큼 미래의 나에 대해 생각해 봤으면 합니다. 지금은 번 돈을 다 써버려도 다시 돈을 벌 체력과 건강한 몸을 갖고 있습니다. 그러나 미래의 나는 그렇지 않습니다. 새로운 일을 시작하는 것도 쉽지 않지요.

그래서 지금보다 약해진 미래의 나를 지킬 최소한의 준비는 필수입니다. 과감한 투자를 하기 전에 저축을 시작해야 하고, 돈을 모으기 위해서는 적은 돈을 자주 쓰는 습관을 버리고, 현명한 소비 습관을 길러야 합니다. 또 멀리 했던 경제지식을 공부해 증권사와 보험사 직원들의 말에만 의존하는 일은 없어야 합니다. 한정된 월급으로 내가 원하는 목표를 이룰 수 있게 해주는 똑똑한 재테크는 지금 당장 시작해도 결코 이르지 않습니다.

요즘 같은 저금리, 저성장시대에 월급만으로 돈을 모으고 불리기 어렵다는 것은 누구나 알고 있는 사실이지요. 중요한 경제 흐름을 놓치지 않고, 내 자산을 불리는 기회를 잡기를 바라는 마음에서 이 책을 썼습니다. 학자금 대출, 펀드와 주식 투자 등 지금 고민하고 판단해야 하는 것부터, 내 집 마련과 퇴직금 관리 같이 미래를 대비하는 방법까지 바쁜 2030에게 당장 도움이 되는 내용을 쉽게 설명하기 위해 노력했습니다.

돈만 있으면 된다는 생각은 옳지 않으나, 현명하게 모으고 안전하게 불려 지금보다 풍요로운 재정 상태를 구축하는 노력이 필요합니다. 확실한 행복을 지키는 버팀목이 되어 줄 테니까요. 전문가가 될 필요는 없지만 기본적으로 알고 있어야 하는 여러 팩트를 체크하는 것은 현명한 재테크를 시작하는 초석이 됩니다. 꾸준히 읽고, 꾸준히 들으면 스스로 경제상황을 해석하고 또 예측할 수 있게 되지요. 아는 만큼 보이기 마련입니다. 이 책에는 소중한 내 월급을 허투루 쓰지 않게 할,

꼭 체크해야 하는 재테크 팩트를 모았습니다.

재테크로 돈을 벌려면 '나'와 관련있는 내부팩트와 '국내외 경제상황'과 관련있는 외부팩트를 체크해 나에게 딱 맞는 맞춤형 전략을 수립하는 것이 중요합니다. 현실을 직시하고, 중요한 팩트를 정복해야 실현가능한 전략을 세울 수 있지요. 확실성을 높이는 '팩트체크'로 똑똑한 돈 관리, 현명한 재테크를 시작해봅시다!

이성헌

| 목차 |

| 팩트 1 |

돈은 많을수록 좋다

CHAPTER 1

욜로도 돈이 있어야 한다

한동안 '인생은 한 번 뿐, 즐기며 살자'는 '욜로YOLO: You Only Live Once'가 유행했다. 나중이 아닌 지금의 행복을 중시하며 후회 없이 즐기며 살자는 뜻이다. 그러나 욜로는 이제 그저 하나의 라이프 스타일, 지나간 트렌드가 되었다. 욜로 열풍이 지나가고 등장한 새 유행은 '비트코인'이었다.

2017년, 비트코인을 위시로 한 가상화폐 열풍이 불었고, 많은 사람들이 가상화폐 투자에 뛰어들었다. 보유한 코인 가격이 폭락했을 때 오를 때까지 기다리자는 뜻의 '존버', 폭등을 기원하며 말하는 '가즈아' 같은 유행어도 쏟아졌다. 이 열풍에 특히 2030 청년들이 많이 뛰어들었다. 등록금을 코인에 투자하는 대학생들까지 등장했다. 사람인 조사에 따르면 직장인 10명 중 3명이 가상화폐에 투자하고 있으며, 평균 566만 원을 투자하는 것으로 나타났다.

욜로와 비트코인이라는 상반된 유행을 통해 무엇이 느껴지는가? 비트코인이 주목받은 가장 큰 이유는 하루아침에 2배, 3배 오르는 수익률 때문이다. 그래서 많은 이들이 급등락 위험을 알고도 뛰어든 것이다. 욜로는 잠깐의 일탈로 여기고 대부분은 적은 월급과 비싼 물가, 미래에 대한 걱정으로 고민하며 이를 해결할 한 방을 기대한다. 실제로 욜로 열풍이 일었을 때도 정작 자신이 욜로족에 가깝다고 생각하는 이들은 적었다.

욜로족으로 살아가는 것이 현실적으로 어려운 이유는 무엇일까? 가장 큰 이유는 바로 '경제적 여건' 때문이다. 적은 소득이 영향을 줄 미래와 노후에 대한 불안감 때문이다. 노후에 대한 불안감이 커지면서 미래를 위한 준비에 신경을 많이 써야만 하는 데다가, 수입도 넉넉하지 못하다 보니 현재의 삶을 즐길 여력이 별로 없는 것이다. 욜로도 결국 돈이 있어야 누릴 수 있는 것이고, 돈이 없으면 불안할 수밖에 없다. 우리나라 사람들은 돈을 좋아하는 걸 '돈 밝힌다'며 나무라는 경향이 있다. 솔직해질 필요가 있다. 돈 싫어하는 사람은 없다. 돈 많다고 무조건 행복하진 않지만 돈이 없으면 불행한 건 사실이다.

허들머니와 해피머니

금융 전문가들은 돈의 종류를 빅머니, 허들머니, 포켓머니, 해피머니 4가지로 구분한다. 먼저 '빅머니 Big Money'는 인생을 바꿀 수 있는 큰돈을 의미한다. 로또 당첨을 예로 들 수 있다. 꼭 로또가 아니더라도 빅머니를 만들 수 있다. 일반적으로는 창업에 성공하는 경우다. 물론 이 역시 매우 어려운 일이다. 통계청 자료에 의하면 한국에서 기업을 설립해 5년을 유지할 확률은 27.3%에 불과하다. 100명이 창업하면 5년 뒤엔 4분의 3이 문을 닫는 셈이다. 빅머니를 획득할 기회인지 아닌지를 판단하는, 변화를 읽는 지혜가 필요하다. 투자의 귀재 워런 버핏은 창업기업이 아닌 이미 자리를 잡은 기업 중 저평가된 기업을 발굴해 장기투자 하는 방식으로 빅머니를 만들었다. 시대 변화의 흐름에 발 맞춘 가치 있는 기업에 투자했고, 그 이후 '가치투자'라는 용어가 일반화되었다. 안테나만 세워두면 일상생활에서도 빅머니를 획득할 기회를 만들 수 있다. 예를 들어 게임을 좋아하는 사람은 예상을 뒤엎고 세계적으로 흥행한 '배틀그라운드'의 블루홀 같은, 발전가능성이 있는 기업을 찾아낼 수 있고, 사업에 크라우드펀딩을 활용하는 지혜를 발휘할 수 있다.

'허들머니 Huddle Money'는 '재테크'로 만드는 돈이다. 재테크에는 반드시 장애물(허들)이 있기 마련이다. 장애물은 '리스크 Risk'라고도 한다. 경기 규칙을 모르면 경기를 즐길 수 없듯, 자신이 투자하는 상품이나 종목에 대한 정보는 물론, 투자시장에 영향을 미치는 경제 정보에도 관심을 가져야 한다. 그리고 무엇보다 중요한 것은 경기를 끝까지 마쳐 점수와 상관없이 성적표를 받아보아야 한다는 것이다. '끝까지'가 꼭 기간을 뜻하지는 않는다. 스스로 정한 목표수익률이나 목표금액을 만기로 잡을 수도 있다.

'포켓머니 Pocket Money'는 지출 습관과 소비 관리를 통해 만들 수 있는 돈이다. 중요한 것은 포켓머니가 단지 포켓머니로 그쳐서는 안 된다는 것이다. 해마다 12월과 1월이 되면 직장인 대다수가 연말정산 환급금에 기대를 건다. 그러나 연말 정산으로 돈을 벌었다는 사람을 찾기 어렵다. 연말정산에 신경을 쓰는 이유를 당장 현금이 들어오는 것에 두어서는 안 된다. 통장을 나누는 것도, 신용카드 대신 현금이나 체크카드를 사용하는 것도 마찬가지다. 그렇게 해서 생긴 포켓머니를 재테크를 실천할 자금으로 활용해야 한다. 포켓머니가 허들머니로 이어지도록 하는 것이 중요하다.

마지막으로 '해피머니 Happy Money'가 있다. 돈을 어떻게 쓰느냐에 따라 행복해질 수도, 불행해질 수도 있다. 적은 돈에서 행복을 찾지 못하는 사람은 큰돈에서도 행복을 찾기 어렵다. 소비 관리와 마찬가지로 행복을 느끼는 것도 습관이다. 가성비 좋은 물건을 사서 만족하는 습관을 가진 사람도 있고, 값비싼 물건을 사고도 마음이 텅 빈 허무함을 느끼는 습관을 가진 사람도 있다.

'돈만 있으면 행복하겠다'는 생각에는 함정이 있다. 그러나 확실한 건

돈 없이 행복을 지키기는 쉽지 않다는 것이다. 내가 모으려는 돈을 제대로 이해하고, 정확한 팩트를 기반으로 하는 현명한 재테크를 지금 바로 시작하자. 똑똑하게 돈을 불리고, 내 행복을 지키자.

팩트체크

☑ **돈 없이 행복을 지키기는 어렵다.**

욜로도 결국 돈이 있어야 가능하다. 돈만 있으면 된다는 관점도 틀렸다. 내 행복을 지키는 '돈'을 쓰고, 모으고, 불리는 것에 신경 쓰자.

죽을 때까지 돈이 얼마나 필요할까?

직장을 다니면서 결혼하고, 집을 사고, 자녀를 기르고, 노후 대비까지 하려면 총 얼마가 필요할까? 약 22억 원이 필요하다. 60세까지 직장을 다니면서 월급으로 22억 원을 모을 수 있을까? 한 푼도 쓰지 않아도 어려운데, 밥 먹고, 옷 사 입고, 경조사도 챙기면서 모아야 한다고 생각하니 막막하기만 하다. 또 병원비 같은 예상치 못한 지출이 생길 수도 있다. 이 때문에 결혼과 육아를 포기하는 이들도 점점 늘고 있다. 고령화 사회에 제대로 된 재테크 계획 없이 살다보면 노후 파산의 당사자가 되기 쉽다.

» 생애주기에 따른 재무목표

사회초년기	▶	가정구성기	▶	자녀성장기	▶	가족성숙기	▶	노후생활기

저축의 시작	저축가능시기	경제적 성년	수입 〈 지출	경제적 능력 감소
결혼자금 마련	**가정운영 생활비**	**자녀 대학등록금 마련**	**주택 구매 자금**	**은퇴자금 준비 및 실행**
예식장 약 2,000만 원 예식패키지 약 350만 원 예단 약 1,800만 원 혼수 약 1,700만 원 신혼예약 약 540만 원	2016년도 1분기 기준 가계월평균소득 약455만 원 가계월평균지출 약352만 원 월평균소비지출 약267만 원	사립대학교 연821만 원 시립대학교 연239만 원 전국평균 연667만 원	신혼부부 주택마련 자금 약 1억 9,000만 원 평균 집값 서울: 약 5억원 지방: 약 2억원	월평균 노후생활 필요자금 약 225만 원(현재기준) 은퇴 후 기간 30년 가정 228만 원X12달X30년 =81,360만 원
약 4,100만 원	경제활동기간 30년 가정 **약 9억 6,100만 원**	**약 2,670만 원**	**약 2.9억 원**	**약 8억 1,360만 원**

▼

평생 지출 비용 약 21억 3,230만 원

TV와 신문, 뉴스를 통해 '100세 시대', '120세 시대'라는 말을 공공연히 듣게 된다. 그러나 100세 시대를 경험해 본 사람이 많지 않기에 "100세 시대를 어떻게 준비하면 좋을까?" 같은 고민은 누구나 안고 있다. 객관적인 지표를 살펴보면 더욱 심각하다. 이미 국민연금을 포함해 국가 재정이 바닥나고 있는 실정이다. 연금보험료를 내는 사람보다 연금을 받는 사람이 갈수록 많아지는 수급 구조의 불균형과 더불어 기금운용수익률 역시 목표치에 약 2% 미달하는 지금의 추세대로라면, 2051년에는 연금 기금이 소진될 가능성이 높다. 내 노후를 국가도 보장해주지 못하는 것이다.

2015년 2월 말 기준, 국민연금 수급자의 월 평균 수령액은 최저생계비의 절반 수준인 32만 5,000원인 것으로 집계됐다. 1인당 평균 수령

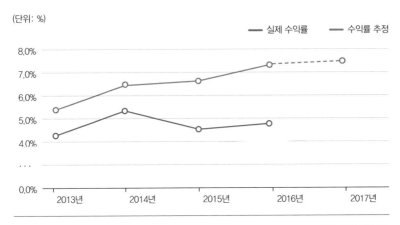

(단위: %)

━━ 실제 수익률   ━━ 수익률 추정

8.0%

7.0%

6.0%

5.0%

4.0%

...

0.0%

2013년   2014년   2015년   2016년   2017년

출처: 한국납세자연맹

액은 32만 5,130원으로, 올해 최저생계비인 61만 7,281원의 52.7% 수준이었다. 지금과 같은 생활을 유지하려면 최소 170만 원 정도의 수입이 필요한데 노후에 그런 수입을 유지할 수 있을까? 충격적인 것은 현재 고령자 1인 가구의 26%가 정부보조금만으로 생활비를 사용하고 있다는 사실이다.

유럽 같은 선진국은 산업혁명 이후 발전을 이루면서 각종 연금제도를 일찍부터 마련해 안정적인 노후를 보장한다. 그러나 1988년이 되어서야 국민연금이 도입된 우리나라의 은퇴자 대다수는 노후를 제대로 준비하지 못했다. 국민연금에 가입한 사람들의 월평균 수령액은 2017년 기준, 33만 3,000원에 불과하다. 이는 한 달에 노후 생활비로 필요한 금액인 177만 원에 한참 못 미치는 금액이다.

재테크의 기본은 긴축재정

앞으로는 재테크도 100세 시대에 맞게 리모델링되어야 한다. 즉, 과거 성장시대의 행동양식과 가치관을 저성장 100세 시대에 맞게 적극적으로 변화시켜야 하는 것이다. 100이라는 숫자가 까마득하고, 아직 찾아오지 않은 노후가 크게 와 닿지 않을 수도 있다. ≪사피엔스≫의 저자, 유발 하라리는 "여러분이 미래를 위해 준비해놓은 것들이 정작 미래에 충분한 영향을 끼치지 못한다면?"을 물었다. 막연한 대비가 아닌, 보다 확실한 대비가 필요하다는 이야기다. "알아서 되겠지, 국가가 책임지겠지, 자녀가 책임질 거야." 같은 생각을 해서는 안 된다.

수입이 없이 40년에서 50년 정도를 살아야 한다. 현재 기대 수명인 100세가 120세로 늘어날 수도 있고, 인공지능을 비롯한 기술의 급격한 발전으로 일자리가 부족해 정년 이후 제2의 직업을 찾지 못할 수도 있다. 재테크의 기본은 '긴축재정'이라는 것을 잊지 말자. 지금 당장은 먹고 사는데 지장이 없다고 해도 계속 그렇게 아끼지 않으면 버는 돈에 비해 쓰는 돈이 많아지는 때에 어려움을 겪는다. 선택은 자신의 몫이다. 다만 팩트가 그렇다는 것을 강조하고 싶다.

☑ **100세 시대를 대비하는, 보다 확실한 재무계획이 필요하다.**

국민연금에 가입한 사람들의 월평균 수령액은 2017년 기준, 33만 3,000
원에 불과하다. 재테크의 가장 기본인 긴축재정과 구체적 계획 수립으로
미래를 대비하자.

CHAPTER 3

앞으로 돈을 얼마나
모을 수 있을까?

 죽을 때까지 20억은 필요하다고 했다. 결혼이나 육아를 포기한다고 해도 15억은 필요하다. 이 사실을 알고난 뒤 해야 할 일은 무엇일까? 앞으로 얼마를 모을 수 있을지 계산기를 두드릴 차례다.

 "마음껏 돈을 써 본 적도 없는데 돈이 모이질 않아요. " 세미나나 스터디, 컨설팅을 할 때 상담자의 소비 습관에 대해 질문하면 항상 듣는 말이다. 돈은 왜 항상 부족할까? 반대로 생각해보자. 그렇다면 얼마 정도 있으면 돈이 부족하다는 느낌이 들지 않을까? 미혼인 직장인 대다수가 한 달에 300만 원 정도만 있으면 부족함을 느끼지 않고, 저축과 소비를 현명하게 할 수 있을 것 같다고 답변했다. 어쩌면 그렇게 똑같이 대답하는지 신기할 따름이다. 그렇다면 한 달에 300만 원을 벌 때까지는 쪼들리며 살 수밖에 없는 것일까? 300만 원을 월급으로 받으면 정말 돈에 쪼들리지 않을까?

돈 문제를 해결하는 가장 근본적이고 단순한 방법은 '더 버는 것'이다. 문제는 단 돈 10만 원의 수입을 늘리는 것도 굉장히 어렵다는 사실이다. 결국 현실적으로 버는 내에서 현명하게 쓰는 수밖에 없다. 그러기 위해서는 내가 어디에 얼마를 쓰고 사는지부터 정확하게 파악해야 한다. 재테크에 실패하는 사람들의 99.9%가 자신의 소비 습관을 전혀 알지 못한다. 수천 명이 넘는 직장인을 상담하며 내린 결론이다. 어디에 얼마를 쓰는지 모르는데 무슨 계획을 세워 재테크를 할 수 있단 말인가?

우선 쓰는 것은 제쳐두고 버는 것부터 계산해보자. 30년으로 가정해 계산을 해보자. 연봉 2,500~3,000만 원 으로 시작해, 연봉이 인상되

» **금리에 따라 원금이 2배가 되는데 걸리는 시간**

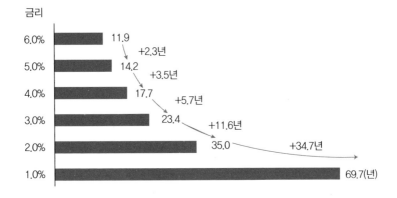

고 정년을 채워 퇴직금을 받았다고 가정했을 때, 아무리 빠듯하게 잡아봤자 10억을 채우기 힘들다. 한 달에 200만 원씩 30년을 꼬박 모아도 원금이 7억 2,000만 원이다. 게다가 저금리시대인 점을 감안하면 1%의 금리에서 원금이 2배가 되기 위해서는 무려 70년이라는 시간이 필요하다.

월급 300만 원이면 충분하다는 생각은 어림도 없다. 지금 상황에 비하면 그 정도만 되어도 좋겠다는 말이겠지만, 그런 대답을 한 것 자체가 평소 자신의 수입과 지출, 5년 뒤, 10년 뒤 경제상황에 대해 제대로 생각해보지 않았다는 뜻이다. 게다가 수명은 길어지고 은퇴는 빨라진다. 직장인이 체감하는 은퇴 연령은 평균 50.2세다. 생애주기에 따라 지출이 소득을 넘어서는 시점은 48세가 되었을 때다. 따라서 평생 필요한 돈의 절반은 재테크로 불려 채워야 한다.

» **생애주기에 따른 경제적 정년**

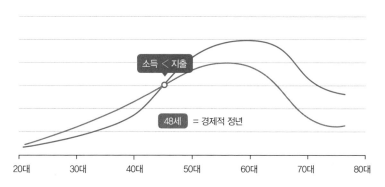

재테크, 계획만 짜도 반은 성공이다

재테크 성공 여부는 무엇보다 제대로 세운 재무계획에 달려 있다. 목표는 구체적일수록 좋다. 그리고 목표에 맞는 실천방법을 세워야 한다. 많은 사람들이 오해를 한다. 주택청약종합저축은 집을 살 수 있는 권리를 취득하기 위한 저축이다. 집을 사기 위한 돈은 별도로 준비해야 하는 것이다. 또 집을 사겠다는 목표가 있다면 부동산을 찾아다니며 위치, 평수, 가격 등을 고려해 조건에 맞는 집을 알아봐야 한다. 현재 소득과 미래 수입을 고려해 내가 살 수 있는 집을 찾아야 하는 것이다. 더 나아가 미래 부동산 가격이 상승할 지역까지 알아보는 게 좋다. 이렇게 계획을 세우고 그에 필요한 공부도 미리 해야 한다.

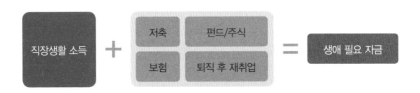

단계적으로 계획을 세우면 집을 사기 위해서 얼마가 필요하고, 몇 년 동안 모아야 하며, 한 달에 얼마를 저축해야 하는지, 대출 비중은

어느 정도로 잡아야 하는지, 어느 지역을 주시하고 있어야 하는지 윤곽이 잡히기 시작한다. 잊지 말자. 어디에 쓸 것인지, 왜 모으는지만 명확히 설정해도 재테크의 반은 성공이다.

팩트체크

☑ **평생 필요한 돈의 절반은 재테크로 마련해야 한다.**

수명은 길어지고 은퇴는 빨라진다. 재테크 성공 여부는 구체적 목표설정과 단계적 계획 수립에 달려 있다.

CHAPTER 4

재테크의 시작과 끝은 팩트체크

공부는 하나도 하지 않고 시험 점수가 잘 나오길 바라는 사람을 보면 어떤 생각이 드는가? 누구라도 면박을 주고 싶을 것이다. 무엇이든 인풋이 있어야 아웃풋이 있다. 재테크도 마찬가지다. 돈을 불리기 위해선 돈을 불릴 수 있는 방법을 알아야 한다. 그것이 바로 '팩트체크' 재테크다.

일반인이 돈을 모으기 힘들게 된 이유는 금리 하락 때문이다. 과거 IMF 이전에는 12% 이상의 고금리가 적용되는 상품이 많았다. 20~30년 전에는 기업 채권에 50% 이율을 주는 상품도 있었다. 그러나 이제는 저축만으로는 돈을 불리기 어려운 저금리시대다. 결국 투자를 병행해야 하는데, 예적금을 제외한 대다수의 투자상품이 리스크를 동반한다.

일례로 은행에서 쉽게 가입할 수 있는 주가연계증권 ELS는 이율이 작게는 5%, 많게는 10%에 달하지만 최악의 경우 원금을 전부 잃을 수도 있다. 그렇다면 왜 ELS는 이자를 많이 줄까? 위험하다는데 많은 사람들이 가입할까? 어떤 수치를 기준으로 이자를 주는 것일까? 원금이 보장되는 방법은 없을까? 이런 것들을 확인하는 것이 바로 팩트체크다.

내부팩트와 외부팩트 나누기

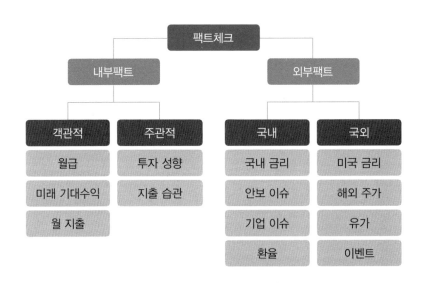

팩트체크는 내부팩트와 외부팩트를 나누는 것에서 시작한다. 내부팩트는 '나'라는 개인과 관련한 사실, 외부팩트는 국내외 경제상황과 관련한 사실을 의미한다.

재테크에 성공하기 위해서는 국내외 경제상황을 잘 살펴야 한다. 국내 정세부터 해외까지 경제동향을 파악하기 위해 주기적으로 통계를 내는 많은 경제지표가 발표된다. 먼저 신문과 뉴스에서 하루도 빠짐없이 언급되는 것으로 금리, 유가, 환율을 들 수 있다. 왜 이렇게 자주 언급이 되는 것일까? 이 요소들이 우리나라 경제에 강력한 영향을 미치기 때문이다.

굳이 이런 사실까지 알아야 하나 싶을 수도 있다. 지출 관리는 3개월만 꾸준히 해도 통장 잔고가 크게 달라지는 것을 실감할 수 있지만 재테크는 다르다. 1~2년만 하고 말 것도 아니고, 애초에 1~2년만 해서 되는 일도 아니다. 이런 팩트를 꼼꼼하게 체크할수록 경제를 보는 눈이 생기고 성공적인 투자를 할 가능성이 높아진다. 단순히 수익률만 보고 은행이나 금융회사 직원이 추천해주는 펀드를 가입하던 내가 나의 투자성향(내부팩트)과 환율, 주가동향(외부팩트)을 고려해 주체적으로 투자하게 된다.

☑ **돈을 불리고 싶다면 감으로 하는 재테크를 멈춰야 한다.**

나와 관련한 사실(내부팩트), 국내외 경제상황(외부팩트)을 파악해 시작하
는 재테크가 성공한다.

돈 냄새를 맡을 줄
알아야 돈을 불린다

: 외부팩트 체크

CHAPTER 1

대한민국은 왜
아파트에 열광할까?
국내팩트 체크

재테크 책은 대개 금융상품을 주로 다루고, 부동산에 대해서는 이야기하지 않는다. 그러나 부동산도 재산의 한 종류다. 특히 집은 내 생활 전반의 토대가 되는 공간이다. 돈을 모아서 무엇을 하고 싶은지 물어보았을 때 가장 많이 들은 대답이 '내 집 마련'이다. 그러나 많은 사람들이 부동산에 대해 잘 알지 못한다. 심지어 집을 살 생각을 아예 하지 않는 사람도 있다. 대한민국에서 부동산이 어떤 의미인지 알고, 당장 집을 살 돈이 없어도 부동산에 관심을 가져야 한다.

특히 아파트에 열광하는 이유

'부동산은 금융상품과 비교해 원금 손실 위험이 낮고, 떨어지더라도 다시 올라간다', '주식은 투자했다가 망하면 종이만 남지만 부동산은 망하더라도 일단 땅(집)은 남는다'고 생각한다. 맞기도 하고 틀리기도 하다. 부동산 투자는 원금손실 가능성이 적은 비교적 안전한 투자처라는 인식이 강하다. 그동안 우리나라가 산업경제로 접어들고 재개발, 재건축산업이 발전해 이익을 본 사례가 있기 때문일 것이다.

수많은 아파트가 있음에도 불구하고 여전히 내 집을 마련하기 위한 향한 경쟁은 치열하다. '의식주를 해결하는 공간이 필요 없어지게 되지 않는 이상 아파트는 계속해서 우리나라 경제의 핵심 이슈일 것이다. 안정된 노후를 위해서라도 부동산에 대한 관심은 선택이 아닌 필수다. 그렇기 때문에 이번 장에서는 주택청약의 기본적인 개념과 부동산 정책에 대해 간단하게 소개하고자 한다.

주택청약과 부동산 정책

학생 때 갖는 목표는 취직이다. 취직을 한 후 세우는 목표는 아마 대부분 '내 집 마련'일 것이다. 일단 목돈을 만들기 위해 재테크를 공부하기 시작하는 사회초년생이 집을 살 돈은 없다. 그러나 재테크처럼 내 집 마련 계획 세우기도 시간과 공부가 필요한 법이다. 청약 당첨이 로또 당첨 보다 힘들다고 했던, 청약 신청자의 평균가점이 84점 만점에 9점의 가점으로 청약에 당첨된 사람도 있었다. 그만큼 부동산도 공부와 전략이 필요한 것이다. 내 집 마련의 꿈이 있다면 당장 시작해도 이르지 않다.

대부분의 청년들이 '주택청약종합저축'에 가입했을 것이다. 이 상품이 아파트 당첨에 도움이 된다는 것은 알지만 구체적으로 청약이 어떤 식으로 이루어지고, 이 청약통장이 어떻게 도움이 되는지는 잘 알지 못한다. 아파트 청약 가점은 84점이 만점이다. 무주택기간, 부양가족, 청약저축 가입 기간에 따라 점수가 달라진다. 1순위 청약일을 기준으로 입주자 모집공고가 뜨면, 모델하우스가 오픈된다. 그리고 특별 공급, 1순위, 2순위 청약을 신청받는데, 보통 온라인 청약사이트가 많이 이용된다. 구매든 청약이든 아파트를 전부 내 돈 주고 사는 사람은 드물다. 경우에 따라 다르지만 청약은 보통 계약금 10%, 중도금 60%, 잔금 30%로 나누어 지불한다. 드물게 계약금이 더 필요한 경우도 있다. 최소 10%여서 총 분양가가 5억 원이라면 5,000만 원의 계약금이 필요하다. 그럼 남은 5억 5,000만 원을 내가 가진 돈과 대출로 충당해야 하는데, 중도금 대출 가능 여부와 액수가 2017년 '8.2부동산대책' 시행 이후 복잡해졌다. 청약 지역과 배우자 연봉 등을 면밀히 심사한다.

청약은 동일 지역 주변 시세보다 더 저렴한 가격으로 분양이 이루어진다. 그래서 청약은 가장 좋은 내 집 마련 방법인데, 8.2부동산대책으로 '청약 가점'이 중요해졌다. 이전에는 전용 면적 85㎡(약 25평) 아파트의 경우 가점40%, 추첨 60%로 싱글이나 점수가 낮은 이들에게도 기회가 있었다. 85㎡ 이하를 100% 가점제로 했기 때문이다.

부동산은 정부 정책에 큰 영향을 받는다. 내 집 마련의 꿈이 있다면 일단 청약을 노려야 하고, 내가 현재 몇 점의 청약 가점인지, 앞으로 돈을 얼마나 모아야 하고, 어느 정도의 돈으로 어떤 지역에 청약을 넣거나 매매를 할 수 있으며, 부동산 값의 추세는 어떻게 흘러가고 있는지, 정부가 어떤 변화된 정책을 내놓는지에 대해 꾸준히 관심을 가져야 한다. 부부는 물론이고 싱글도 마찬가지다. 8.2부동산대책으로 싱글이 청약으로 내 집을 마련하기가 어려워졌지만 정책은 또 언제 바뀔지 모른다. 부동산에 꾸준한 관심을 가져 내 집 마련의 꿈을 이루도록 하자.

» 주택청약 가점 항목 및 적용 기준

가점 항목	가점 구분	점수	적용 기준
무주택 기간 (32점)	유주택자와 만 30세 미만으로서 미혼인 무주택자	0	*입주자 모집 공고일 현재 무주택 대상자 – 입주자 모집 공고일 현재 청약통장 가입자의 주민등록등본에 등재된 가입자 및 세대원 전원이 주택을 소유하고 있지 않아야 함. 세대원 범위: 배우재(주민등록이 분리된 배우자 및 그 세대원 포함), 직계존속(민영주택의 경우 배우자의 직계존속 포함), 직계비속 – 주택공급에 관한 규칙 제53조의 어느 하나에 해당하는 주택을 소유하고 있는 경우 해당 주택은 무주택으로 인정함. *무주택기간 신청 대상자 – 청약통장 가입자와 배우자 *무주택기간 선정 기준 – 청약통장 가입자 연령기준 만 30세 이후부터 계속해 무주택인 기간을 '만 나이' 기준으로 산정하되, 만 30세 이전에 혼인한 경우에는 혼인신고일로부터 무주택기간을 산정함. 단, 청약통장 가입자 또는 배우자가 과거 주택을 소유하고 있다가 처분한 경우에는 처분 이후 무주택자가 된 시점부터 무주택 기간 산정함. – 유주택자와 만 30세 미만으로서 미혼인 무주택자의 가점점수는 '0'점.
	만 1년 미만	2	
	만 1년 이상~2년 미만	4	
	만 2년 이상~3년 미만	6	
	만 3년 이상~4년 미만	8	
	만 4년 이상~5년 미만	10	
	만 5년 이상~6년 미만	12	
	만 6년 이상~7년 미만	14	
	만 7년 이상~8년 미만	16	
	만 8년 이상~9년 미만	18	
	만 9년 이상~10년 미만	20	
	만 10년 이상~11년 미만	22	
	만 11년 이상~12년 미만	24	
	만 12년 이상~13년 미만	26	
	만 13년 이상~14년 미만	28	
	만 14년 이상~15년 미만	30	
	만 15년 이상	32	
부양 가족 수 (35점)	0명	5	*부양가족 인정 대상자 – 입주자모집공고일 현재 청약통장 가입자의 주민등록등본에 등재된 배우재(주민등록이 분리된 배우자 및 그 세대원 포함), 직계존속(배우자의 직계존속 포함) 및 미혼자녀(부모가 모두 사망한 경우 손자녀 포함) – 부양가족 수 산정 시 본인은 제외 – 직계존속의 부양가족 인정 기준: 입주자모집공고일 현재 청약통장 가입자가 세대주(분리된 배우자 또는 그 배우자도 세대주여야 함)로서 입주자모집공고일로부터 최근 3년 이상 계속해서 동일 주민등록등본에 등재돼있는 경우 – 미혼자녀의 부양가족 인정 기준: 미혼자녀가 청약통장 가입자 또는 배우자가 동일한 주민등록등본상에 등재된 경우
	1명	10	
	2명	15	
	3명	20	
	4명	25	
	5명	30	
가입 기간 (17점)	만 6개월 미만	1	*청약통장 가입 기간 – 입주자모집공고일 현재 청약통장 가입자의 가입기간을 기준으로 하며 청약통장 전환, 예치금액 변경 및 명의 변경을 한 경우에도 최초 가입일(순위가산일)을 기준으로 가입기간 산정함. – 실제 인터넷청약 시에는 은행에서 청약통장 가점 기간 및 해당 점수를 자동 산정해 부여함.
	만 6개월 이상~1년 미만	2	
	만 1년 이상~2년 미만	3	
	만 2년 이상~3년 미만	4	
	만 3년 이상~4년 미만	5	
	만 4년 이상~5년 미만	6	
	만 5년 이상~6년 미만	7	
	만 6년 이상~7년 미만	8	
	만 7년 이상~8년 미만	9	
	만 8년 이상~9년 미만	10	
	만 9년 이상~10년 미만	11	
	만 10년 이상~11년 미만	12	
	만 11년 이상~12년 미만	13	
	만 12년 이상~13년 미만	14	
	만 13년 이상~14년 미만	15	
	만 14년 이상~15년 미만	16	
	만 15년 이상	17	
총점		84	

출처: 주택도시기금 홈페이지

국민임대와 공공임대, 대체 무슨 차이?

"3,000만 원 밖에 없어 집을 사는 건 힘들 것 같아요. 그래서 오랫동안 저렴한 임대료로 작은 평수에서 거주할 수 있는 LH공공임대를 신청했어요."

이렇게 말한 공공임대 신청자 A는 나중에 억울함을 호소할 가능성이 높다. 집을 매입하지 않고 저렴한 임대료를 내고 입주하는 것은 국민임대주택과 행복주택이다. A가 신청한 LH공공임대는 10년 후 내 집이 되는 임대다.

내 집 마련의 꿈을 품고 LH와 SH에 관심을 보이는 이들이 많다. 하지만 임대주택에 대해 자세히 알아보지 않고 무작정 뛰어들면 안 된다. 엄연히 임대도 부동산이기 때문에 한 번의 실수로 호되게 고생할 수 있다. 먼저 국민임대와 공공임대를 담당하고 있는 LH공사와 SH공사를 살펴볼 필요가 있다.

LH공사는 국토부산하 기관으로 서울을 포함한 전국의 임대주택 및 공공분양 주택을 공급하고 있다. SH공사는 서울시 산하기관으로 서울의 임대주택 및 공공분양 주택을 공급하고 있다. 따라서 서울 이외의 지역에 관심이 있다면 LH를 신청해야 한다.

LH공사와 SH공사에서 제공하는 국민임대주택은 국가 재정과 국민주택기금을 지원받아 국가·지방자치단체·한국토지주택공사 또는 지방공사가 건설, 공급하는 주택을 의미한다. 저렴한 임대료를 지불하고 장기(30년) 임대가 가능하다. 장기 거주는 가능하지만 해당 주거지를 매입할 수 없다는 단점이 있다. 이 임대주택에 입주하기 위해서는 전년도 도시근로자 가구당 월평균 소득의 70% 이하, 자산은 자동차 보유 기준 2,545만 원을 넘지 않아야 한다. 임대 조건은 시세의 60~80% 정도로 저렴하게 입주할 수 있다.

반면 공공임대는 5년 또는 10년 후 임대기간이 종료되었을 때 입주자에게 우선분양전환 자격을 준다. 공공임대주택은 85㎡(약 25평)을 기준으로 가격이 달라진다. 85㎡ 이하 주택을 신청할 경우 입주 자격은 무주택세대 구성원으로서 입주자저축(청약저축 포함) 가입자가 우선이다. 임대 조건은 보증금과 월 임대료를 지불해야 하며 시세의 90% 수준으로 입주할 수 있다.

국민임대와 공공임대를 비교해보면, 대체로 공공임대주택은 64~85㎡(약 19~25평)로 국민임대주택보다 평수가 크고 임대 가격이 비싸다. 반면 국민임대주택은 26~46㎡(약 7~13평)로 평수가 크지 않고 임

» **화성동탄5-1 공공임대주택**

단지	주택형 (㎡)	임대보증금(원)			월 임대료(원)	전환보증금(원)		최대전환 시 임대조건(원)	
		합계	계약금 (계약 시)	잔금 (입주 시)		전환보증금 최대 납부금액	차감 월임대료	임대보증금	월 임대료
화성 동탄 5-1	74B	64,764,000	10,800,000	53,964,000	515,700	43,000,000	215,000	107,764,000	300,700
	84	70,759,000	11,800,000	58,959,000	569,660	53,000,000	265,000	123,759,000	304,660

출처: LH 청약센터

단지명	주택형	임대조건				전환가능 보증금 한도액(원)	최대전환 시 임대조건	
		임대보증금(원)			월 임대료(원)		보증금(원)	월 임대료(원)
		계	계약금	잔금				
화성태안6	36	13,165,000	2,633,000	10,532,000	155,580	18,000,000	31,165,000	65,580
	46	16,709,000	3,341,000	13,368,000	203,030	24,000,000	40,709,000	83,030

출처: LH 청약센터

대 가격이 비교적 저렴하다.

위의 자료를 통해 알 수 있듯이, 화성태안6단지 국민임대주택은 36형(약 10평)은 계약금 263만 3,000원, 잔금 1,053만 2,000원, 월 임대료 15만 5,580원이다. 화성동탄5-1에 제공된 공공임대주택은 75B형(약 22평)이 계약금 1,080만 원, 잔금 5,396만 4000원, 월 임대료 51만 5,700원이다. 지역과 상황별로 차이는 있지만, 대부분 공공임대는 '매입'으로 이어지기 때문에 국민임대보다 계약금과 월 임대료가 높은 것이다.

공공임대는 이처럼 매입이 가능하기 때문에 청약의 개념이 포함된다. 따라서 입주 신청 후 공공임대에 당첨될 경우 기존 주택청약통장에 효력은 사라지게 된다. 사정이 생겨 입주를 포기하고 주택청약통장을 복원시켜 달라고 요청해도 받아들여지지 않으니 주의해야 한다. 또한 특별공급으로 신청한 경우 당첨자 본인은 물론, 당첨자의 배우자 및 세대원은 향후 다른 분양주택(일정 기간 경과 후 분양전환 되는 임대주택 포함)의 당첨에 제한을 받게 된다.

과밀억제권역에서 당첨된 경우에는 당첨일로부터 5년간, 과밀억제권역 외의 지역에서 당첨된 경우에는 당첨일로부터 3년간 신청이 불가능하다. 과밀억제권역은 수도권 중 인구와 산업이 지나치게 집중되었거나 집중될 우려가 있어 이전하거나 정비할 필요가 있는 지역을 말한다. 서울, 인천(일부), 의정부, 구리, 하남, 고양, 수원, 성남, 안양, 부천, 광명, 과천, 의왕, 군포, 시흥 등 총 16개 시가 과밀억제권역으로 지정돼있다.

팩트체크

☑ **당장 집 살 돈이 없어도 부동산에 관심을 가져야 한다.**

내 집 마련의 꿈이 있다면 주택청약과 정부의 부동산정책, 국민임대주택과 공공임대주택에 대해 미리 알아보자.

CHAPTER 2

내가 돈을 모으려는 한국의 경제상황을 파악하라

국내팩트 체크

체크해야 하는 외부팩트는 국내팩트와 국외팩트로 나눌 수 있다. 이 두 가지는 서로 유동적으로 영향을 주고받는 관계다. 돈을 모으기 위해선 내가 돈을 모으려는 한국의 경제상황은 어떤지(국내팩트), 그리고 한국의 경제상황에 영향을 끼치는 외부 요인(국외팩트)에는 무엇이 있는지 파악할 수 있어야 한다. 여기서는 깊게 파고들지 않고 먼저 한국 경제의 큰 흐름을 파악하는 내용을 다루도록 하겠다.

미국의 금리 인상

재테크 숲에서 가장 먼저 눈여겨봐야 할 나무는 세계 경제를 좌지
우지하는 막강한 힘과 자본을 가진 미국이다. 미국이 금리를 인상하면
우리나라도 따라서 금리를 인상한다는 것쯤은 알고 있을 것이다. 금리
에 대한 자세한 이야기는 다음 장에서 하도록 하고 우선 미국이 금리
를 인상하려고 하면 우리나라가 어떤 상황을 맞는지 살펴보자.

우선 예적금 금리가 올라가 저축을 하려는 사람은 이전보다 더 많은
이자를 기대할 수 있다. 기준금리 인상소식에 시중은행은 앞다투어 더
높은 금리를 주는 예적금 상품을 출시하고 있는 상황이다. 앞으로 미
국이 몇 차례 더 금리를 인상한다고 발표했으니, 시간이 지나 더 높은
수준의 금리를 주는 상품을 기대할 수 있다. 따라서 예적금 상품을 가
입할 예정이라면 만기를 길게 잡는 것보다 6개월 혹은 1년 단위로 만
기를 짧게 잡아 가입하는 것이 좋다.

하지만 대출을 받은 사람에게는 큰 부담이 될 수 있다. 대출금리 상
승은 예적금 금리가 오르는 것보다 더 가파르게 이루어지기 때문이다.
직장인 신용대출이나 마이너스통장을 이용한 사람은 금리가 많이 오
르면서 매월 부담해야 하는 이자가 갑자기 늘어날 것이다. 전세자금대
출이나 주택담보대출 등을 받은 사람은 금리가 조금만 올라도 대출금
의 규모가 크기 때문에 마찬가지로 큰 부담이 된다. 금리를 인상하는
요즘 같은 시기에는 대출금을 상환하는 플랜을 최우선적으로 고려한 재

테크를 실시하는 것이 바람직하다.

국내 금융정책 알기

　경제는 정치와 뗄 수 없는 관계이고, 뉴스에 나오는 내용만 유심히 들여다봐도 앞으로의 금융환경 변화에 민감하게 반응할 수 있다. 예를 들어 '8·2 주택시장안정화방안'처럼 투기 과열을 막고 부동산 거품을 잠재우기 위해 2017년부터 지금까지 수차례 발표한 부동산정책은 많은 실제로 사람들에게 영향을 미쳤다.

　이 정책이 사회초년생들에게 영향을 주었을까? 그렇지 않다. '8·2 주택시장안정화방안'은 다주택자들에게는 많은 영향을 주었지만 실제로 집 한 채도 소유하고 있지 않은 대부분의 초년생 및 직장인들에게는 와 닿지 않는 정책이었다. 반면 '주거복지로드맵' 정책은 청년들을 위한 청년주택 공급, 전월세 대출 개선, 청년우대형 청약통장 도입, 신혼부부(예비신혼부부 포함)를 위한 임대 및 분양주택 공급, 1%대 신혼부부 전용 전세대출에 대한 내용을 담고 있다. 이렇듯 정부에서는 매년 다양한 금융정책을 내놓고 있다. 대한민국 사람 모두에게 해당되어 자연스레 관심을 가질 수 있으면 좋겠지만, 중요한 것은 현재 나에게 적용되는 것이 무엇이 있는지 확인하고, 그 혜택을 최대한 활용하는 것이다.

티끌을 모으면 티끌밖에 되지 않는 현실

기술의 발달로 인한 세계의 관심사가 어느 분야로 모이는지에 대해 아는 것도 필요하다. 이것은 '투자'의 관점을 키우는데 많은 도움이 될 것이다. 부모님 세대에는 그저 안 쓰고, 안 먹고 절약하는 것이 최고의 재테크 수단이었다. 예적금 금리를 20~30%나 적용해주던 시기였기 때문에 말 그대로 '티끌 모아 태산'이 가능했다.

하지만 지금의 사회초년생과 직장인들은 그때와는 전혀 다른 금융 환경 속에서 살고 있다. 물가상승률보다 낮은 금리를 적용하는 적금을 들면 오히려 손해를 볼 수도 있고, 티끌을 모으면 그저 티끌밖에 되지 않는, 투자가 불가피한 현실에 살고 있다. 이제는 무조건 안전자산에 내 돈을 묻어두는 것이 능사가 아니다. 적어도 물가상승률보다는 높은 투자상품이 필요하다.

우리가 주변에서 가장 쉽게 그리고 많이 접하는 투자상품인 펀드를 예로 들어 보자. 수많은 펀드 중에 과연 어떤 종류의 펀드에 투자해야 손해 보지 않고 물가상승률보다 높은 수익을 얻을 수 있을까? '지피지기면 백전백승'이라, 손해 보지 않는 투자를 위해서는 무작정 투자할 것이 아니라 앞서 말했듯이 세계의 관심사가 어디로 향해 있는지 알 필요가 있다.

'세계경제는 증기기관과 내연기관의 발명으로 일어난 1차 산업혁명, 전기를 동력으로 사용하게 된 2차 산업혁명, 그리고 컴퓨터를 활용한 정보통신기술 발달로 시작된 3차 산업혁명을 거치면서 비약적인 발전을 이루어 왔다. 그리고 현재 IT기술을 바탕으로 서로 다른 분야의 연결과 융합을 통해 새로운 부가가치를 창출하고, 빅데이터 및 인공지능을 통한 미래예측을 가능하게 하는 4차 산업혁명의 시기에 이르렀다.'는 기사를 읽고 4차 산업혁명과 관련된 펀드에 투자를 하면 되겠다는 생각이 들었다면 반은 성공이다. 더 나아가 이러한 기술의 발달이 어떤 산업에 적용이 되고 그것이 우리의 실생활에 어떻게 영향을 미치는지 찾아보면 더 성공적인 투자를 할 수 있을 것이다. 4차 산업 IT 이슈 중, 가장 기본이 되는 것이 반도체라는 한 가지 정보만 찾아내도 내가 투자해야 할 펀드 종목은 수백 개에서 단 몇 개로 추려진다.

　재테크라는 기술을 부리기 전에 이런 전체적인 흐름부터 차근차근 이해하도록 하자. 위와 같이 경제의 흐름에 따른 금융환경 변화를 알고, 그 안에서 나에게 적용할 수 있는 것들이 무엇인지를 파악하면 재테크에 매우 큰 도움이 될 것이다. 또한 겉으로 보이는 내용만으로 좋고 나쁨을 판단하는 것이 아니라 그것을 내 기준에 적용해 판단할 수 있다. 경제 흐름이라는 숲을 먼저 이해하면 험난하고 어려운 재테크 전쟁에서 승리할 수 있다.

☑ 국내 경제상황에 누구나 영향을 받는다.

'주거복지로드맵', '청년우대형 청약통장' 같은 금융정책의 혜택을 받을 수 있다. 또 기술 발달이 어떤 산업에 적용되는지 파악하면 손해 보지 않는 투자를 하는 눈을 키울 수 있다.

CHAPTER 3

왜 뉴스는 미국 금리 변화에
호들갑인 걸까?
국외팩트 체크

전세자금대출이나 주택자금대출 경험이 있는 사람은 금리에 예민할 것이고, 자동차를 소유한 사람은 기름값(유가)에 민감할 것이다. 해외여행을 갈 때 언제 환전해야 조금이라도 이득을 볼 수 있을까 환전 타이밍을 살피는 사람들도 있을 것이다.

그러나 많은 사람들이 이 지표들이 경제 시장에 어떤 영향을 주는지는 자세히 모른다. 복잡한 현상까지 모두 알 필요는 없지만 적어도 '금리, 유가, 환율' 3요소에 대해선 반드시 알아두어야 한다.

① 금리

우선 '금리'에 대해 살펴보자. 뉴스에서 미국의 금리 인상 여부를 두고 호들갑을 떠는 모습을 종종 보게 된다. 왜 그러는 것일까? 그 이유는 바로 미국의 기준금리가 오르면 우리나라에 투자된 자본이 빠져나가기 때문이다.

글로벌 금융위기 이후 약 10년간 저금리를 유지하던 미국이 기준금리를 인상하면, 대출을 받아 해외 사업을 해오던 기업들은 커진 이자 부담때문에 대출을 상환하거나, 다른 나라에 투자했던 자본을 줄일 수밖에 없다. 또 미국보다 높은 금리를 적용해주는 나라에 투자했던 기업도 다시 미국으로 눈을 돌리려 할 것이다. 이에 우리나라도 외국의 거대한 자본이 빠져나가면 외환위기를 맞을 수 있기 때문에 외국의 자본을 묶어두기 위해 어쩔 수 없이 금리를 인상하게 된다. 이러한 이유로 우리나라의 기준금리가 인상되면 예금 금리와 더불어 대출금리도 인상되고, 우리나라 경제에 다양한 영향을 미치게 된다.

이론적으로 주식과 금리는 역의 관계다. 금리는 화폐의 가치를 의미하는데 금리가 높을 때, 주가는 내려간다. 굳이 높은 이자를 내면서까지 투자를 할 필요가 없기 때문이다. 반대로 금리가 낮으면 투자 진입 장벽이 상대적으로 낮아져 주가는 올라간다는 것이 경제학의 이론이다. 반대로 또 금리가 올라가면 대표적 안전자산이라 할 수 있는 금 시세는 떨어진다. 이유는 금리가 올라 화폐 가치가 더 올라가기 때문에 굳이 금을 살 필요가 없기 때문이다. 만약 금을 보유한 사람이 금리가 계속 올라갈 가능성이 있다는 것을 알게 되면 서둘러 금을 매각해 현금화하여 저축을 하는 게 수익률 측면에서 더 나을 수 있다. 이런 현상은 최근 미국의 금리가 제로금리에서 지속적으로 올라감에 따라 금 시세가 조정되고 있다는 뉴스에서도 확인할 수 있다.

또 중요한 것은 기업들의 실적과 가치다. 기업들의 실적이 좋으면 자연스럽게 선순환 구조로 경제가 흐르며 경기 및 구력도 좋아진다. 그러면 자연스럽게 금리가 인상되는 흐름이 형성되는데, 이러한 흐름은 매우 긍정적인 변화에 해당한다.

우리나라 주식 시장에 미국만큼 큰손이 없기에 미국이 금리 인상을 지속적으로 하면 미국 투자 상품의 이자와 가치가 좋아져 국내에 있던 투자 자금이 다시 미국으로 빠져 나가게 된다. 그래서 미국이 금리를 올리면 우리나라와 주변 국가들이 눈치를 보며 금리를 인상하는 것이다. 이럴 땐 기업들의 상황을 고려하지 않고 올리는 것이기 때문에자칫하면 경제에 큰 위협이 될 수 있다. 금리는 투자의 기준을 잡아준다. 저금리일 때는 투자하고, 금리가 오를 때는 현금화하는 전략도 현명한 재테크가 된다.

② 유가

유가는 어떨까? 기본적으로 유가와 주가는 반비례 관계다. 유가가 오르면 원가가 상승해 기업 수익에 손해를 입히기 때문에 주가가 하락한다. 단기적 영향으로 유류 소비와 관련한 산업(항공, 운송, 해운 등)

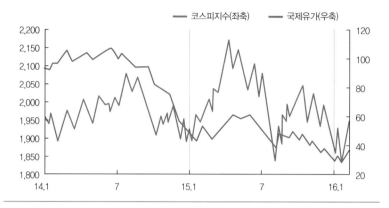

출처: 코스콤

의 주가가 하락하기도 한다.

그러나 유가가 오를 때 반드시 주가가 하락하는 것은 아니다. 신흥
공업국들이 함께 경제 성장을 이루면서 원유 수요량을 늘리게 되었을
때, 국제 유가도 함께 상승했다. 경제상황이 좋아져 주가도 오르고, 국
제 유가도 함께 상승했던 것이다.

③ 환율

환율도 전통적 이론으로는 환율이 하락하면 수출이 감소하고 기업
의 이익도 감소해 주가가 하락한다. 해외에서 우리나라 물건을 살 때

이전보다 돈을 더 줘야하기 때문에 수출이 감소하는 원리다. 물론 항상 그런 것은 아니다. 세계 경제가 호황이라 우리나라의 기업들도 수출을 많이 한다고 가정해보자. 수출이 증가하니 당연히 주가도 함께 오른다. 수출이 증가해 많은 양의 달러를 벌어들인다. 그렇게 되면 환율은 1달러당 1,000원이었던 것이 1달러당 800원이 된다. 환율은 하락했는데, 주가는 상승하는 전통적 이론과 정반대되는 상황이 발생한다. 이 밖에도 국내 총생산을 나타내는 GDP(국내총생산), 미국 고용지표 지수 등의 지표가 주식시장에 영향을 미친다. 최근 FED(미국 연방준비제도)의 회의록이 공개되며 금리 인상 속도를 높일 수 있다는 발표에 채권 금리가 상승해 뉴욕 주가가 하락한 것을 예로 들 수 있다.

전문지식을 가진 경제 전문가가 될 필요는 없다. 그러나 이런 지표를 살피는 것은 경제 흐름을 파악하고 투자의 감을 익히는 데에 도움을 준다. 매일, 꾸준히 경제지표를 확인하자. 지표 간 상관관계를 파악할 수 있게 된다. 처음에는 지표들이 의미하는 바를 정확하게 이해하기 힘든 것이 당연하다. 나아질 것이다. 이 노력은 결국 나의 통장에 영향을 미친다. 공격적 투자자라면 일반 적금의 두 배가 넘는 금리의 ETF 상품을 알아보고 투자할 수도 있다. 단순한 법칙에 의해서 변동되지는 않는 투자시장이지만 관심을 갖고 재미를 붙이게 된다.

☑ **미국의 금리 인상은 우리나라 경제에 영향을 준다.**

금리는 돈의 값으로, 미국이 금리를 올리면 우리나라의 투자 자금이 미국
으로 빠져나간다. 외국 자본을 묶어두기 위해 우리나라 또한 기준금리를
올리게 되고 예금금리, 대출금리가 인상된다.

북한이 움직이면
한국의 주식이 요동친다?
국외팩트 체크

문재인 대통령과 김정은 북한 국방위원장의 회담이 이루어졌다. 남북관계에 특별한 징후가 발생하면 주식시장은 크게 영향을 받는다. 우리나라는 아직 전쟁이 끝나지 않은 국가다. 우리는 잘 체감하지 못하지만 외국인의 입장에서 볼 때 북한과 한국의 상황은 투자의 '리스크' 요소다. 어떤 투자든 리스크가 따른다. 재테크는 돈을 불리기 위해 하는 것이다. 리스크를 감수해야 하기도 한다. 그리고 이 리스크가 되는 요소에 어떤 것이 있는지, 그리고 나는 얼만큼의 리스크를 감수할 수 있는지를 잘 알수록 투자에 성공할 확률이 높아진다.

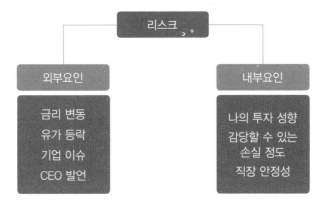

안전자산과 위험자산

어디에 투자를 할 것인지는 투자자의 성향, 경제상황 등에 따라 달라진다. '위험자산'은 가치 변동의 위험이 큰 자산을 말하며 위험자산과 상반되는 개념이 '안전자산'이다. 위험자산의 대표적인 예로 주식을 들 수 있다. 주식에 투자했을 때 기업의 재무상태, 국내 경제상황 등 다양한 요인에 의해 투자 기업의 가치가 상승하거나 하락한다. 이는 기업의 주가에 영향을 미치는데, 주가가 하락하면 투자 금액의 손실은 불가피하다.

안전자산은 상대적으로 자산 가치 변동이 크지 않고 투자했을 때 어느 정도의 안정성이 보장되는 자산이다. 금, 은, 달러, 국채 등이 이에 해당한다. 한때 원유는 검은 황금으로 불리며 대표적인 안전자산으로 각광 받았지만 변동성이 커지면서 안전자산으로의 가치는 크게 하락한 상태다. 2017년부터 비트코인 등 가상화폐가 안전자산으로 취급되면서 매수세가 유입되고 있는데, 운영 주체가 없고 어려워 통제가 쉽지 않아 언제든지 폭락할 가능성이 크기 때문에 안전자산으로 보기 어렵다는 의견도 지배적이다. 이처럼 안전자산의 범주는 고정적이지 않고 상황에 따라 유동적이다.

투자 리스크 요인 체크

안전자산과 위험자산에 대한 선호는 국내외 정세에 따라 달라진다. 일반적으로 사회 정세가 불안정하거나 경제상황이 좋지 않을 때 사람들은 위험자산 대신 안전자산을 찾는다. 불확실성 속에서 위험을 감수하며 위험자산에 투자를 할 동기가 줄어들기 때문이다. 대표적인 예로 북한에 위협이 강하지면 그에 따른 리스크로 안전자산 선호 현상이 두드러진다. 한반도를 둘러싼 지정학적 리스크가 커지면 주식 대신 금이나 은 같은 안전자산을 찾는 것이다. 투자를 함에 있어서 리스크 요인은 반드시 체크해야 하는 것이다. 나의 투자 스타일, 어느 정도의 손해까지 감수할 수 있는지 스스로 체크하고, 국내외 상황을 파악하는 팩트체크를 끝내고 난 후에 투자를 시작해야 한다.

이는 굉장히 중요한 습관이다. 사회초년생일 때 가입하는 투자 상품은 100~500만 원 정도이기 때문에 손해를 보아도 재정에 아주 치명적인 영향을 주진 않는다. 그러나 점점 투자 실력에 따라 수익과 손실 폭이 커진다. 지금부터 착실하게 팩트체크 습관을 들인 사람과 그렇지 않은 사람의 자산은 5년 후, 10년 후에 크게 차이가 날 수밖에 없다. 평소에 아무런 관심을 가지지 않다가 은행에 가서 직원의 권유에 덜컥 펀드에 가입해본 경험이 있다면 반드시 명심하도록 하자.

팩트체크

☑ **외국인의 눈으로 볼 때 우리나라와 북한의 상황은 투자의 '리스크' 요소다.**

북한의 위협이 있을 땐 주식보다 금 같은 안전자산 투자를 선호하는 현상이 나타난다. 투자를 시작함에 있어 리스크 요인 체크는 필수다.

경제 탓하지 마라,
돈이 안 모이는 건 내 탓이다

: 내부팩트 체크

CHAPTER 1

나의 경제레벨을 체크하자
객관적 팩트 체크

20대에는 '선저축 후소비'하는 습관을 기르는 것이 무엇보다 중요하다. 소득의 50%는 저축과 투자에 쓴다고 마음먹는 것이 좋다. '연봉 2,000만 원에 어떻게 돈을 모아'라고 생각하면 목돈을 만들 수 없다. 사회초년생 상담을 하다 보면 연봉 4,000만 원에 통장 잔고는 텅 비어 있는 사람이 있고, 연봉 2,000만 원에 알뜰히 모아 통장 잔고가 탄탄한 사람도 있다. 한 번 어느 목적에 쓴 돈은 다른 곳에 쓸 수 없다는 사실을 유념해야 한다. 오늘 지출한 돈은 내일의 자금으로 쓸 수 없다는 사실을 잊지 말자. 선저축 후소비 습관을 들이면 재테크 마인드를 가질 수 있게 된다. 지금 내 월급이 얼마고, 현재 얼마를 쓰고 있으며, 앞으로 얼마를 벌 것인지 파악해 기간에 따라 설정한 인생 목표와 함께 비교할 수 있다. 내가 바라는 이상과 내가 처한 현실이 어떤지, 꿈을 이루기 위해서는 무엇을 해야 하는지가 보인다.

첫인상을 바꾸려면 엄청난 노력이 필요하듯이, 모든 일에서 처음 생겨버린 '기준'을 바꾸기란 여간 쉬운 일이 아니다. 이는 '소비 습관'에도 마찬가지로 적용된다. 처음 돈을 썼던 소비 패턴은 내 머리와 몸에 각인돼 이를 바꾸려면 매우 많은 노력이 필요하다. 내가 실제로 만났던 사회초년생, A와 B의 이야기를 소개하고자 한다.

A는 어릴 때부터 부족함 없이 용돈을 받고 자랐다. 필요한 것이 있으면 큰 고민 없이 구입할 수 있었고, 돈이 모자라면 부모님께 도움을 받아 해결했다. 성인이 되어 처음 취직한 곳에서도 적지 않은 연봉을 받았던 그는 예전과 같은 소비생활을 하면서 저축을 해나갔다. B는 어릴 때부터 정해진 용돈을 받아 생활했다. 중·고등학생 때는 용돈 안에서 소비를 했고, 돈이 모자라면 필요한 금액을 모을 때까지 소비를 줄였다. 성인이 되어 취직을 하고 급여를 받아 혼자 생활하게 되면서, 월세 지출 생기고 소비 금액도 늘었지만 저축하며 예전과 같이 생활했다.

한창 직장생활에 익숙해질 즈음 A는 이직을 하게 된다. 더 나은 근무환경이 보장되는 곳이었지만, 이전보다는 다소 낮은 연봉을 받게 되었다. 처음 몇 달 동안 A는 별 문제를 겪지 않았다. 그러다가 필요한 것이 생기자 적금을 하나 깨 구매했다. 다시 모으면 되는 돈이니 크게 걱정하지 않았다. 얼마 지나지 않아 A는 신용카드를 만들었고, 필요한 것이 생기면 할부로 구매했다. 그렇게 1년 정도가 지난 후 A는 도움을 요청하기 위해 나를 찾아왔다. 그에게 남은 것은 다음 달 결제해야 하는 카드 값 150만 원과 적금으로 모아둔 목돈 조금이었다.

반면 B는 고정 지출을 제외하고 매월 30만 원의 생활비를 정해놓고 소비했다. 저축을 위해 주택청약종합저축 5만 원과, 자유적금 한 개를 들어놓은 상태였다. 나머지 돈은 전부 월급통장에 그대로 방치되고 있었다. 얼마 후 B도 이전보다 연봉은 조금 낮지만 근무환경이 나은 곳으로 이직하게 된다. 그로부터 1년 뒤, 전세로 이사하고 싶다며 나를 찾아왔다. 그에게는 적금 만기액과 1,000만 원의 목돈이 있었다.

두 사람은 분명 크게 다르지 않은 과정을 겪었다. 하지만 1년 뒤 모습은 매우 달랐다. 둘의 차이는 무엇 때문이었을까? 바로 두 사람의 소비습관이 달랐기 때문이다. A는 본인의 문제를 잘 알고 있었지만 마음처럼 고쳐지지 않아 나를 다시 찾아왔다고 했다. 세 살 버릇 여든까지 간다. 평소 습관을 고치는 것이 얼마나 힘든 일인지, 특히 소비 습관이 나의 생활에 전반에 직접적인 영향을 줄 수 있다는 것을 깨달아야 한다.

"첫 월급이니 부모님 선물도 사드리고, 친구들한테도 한 턱 쏴야죠."
"두세 달은 마음껏 쓰고 그 다음부터 빡세게 적금 들려고 합니다!"

이제 막 취업 한 사회초년생들을 상담할 때 가장 많이 듣는 말이다. 첫 월급을 받은 순간, 그간 고생했다는 보상심리와 주변을 챙기지 못했다는 반성심리가 동시에 작용해 본인과 지인에게 돈을 쓰는 때가 온다. 이것 자체가 문제가 되지는 않는다. 문제는 몇 달 동안 반복적으로 이루어진 소비 패턴에 결국 내 몸이 적응을 한다는 것이다. 100만 원의 생활비를 쓰다가 갑자기 30만 원으로 줄이기가 결코 쉽지 않다. 소비를 서서히 줄여나갈 수는 있겠지만 생각보다 그 시간이 오래 걸릴 것이다.

첫 월급으로 비로 저축을 시작하는 것이 가장 좋지만 꼭 그래야 하는 것도 아니다. 하지만 적어도 소비를 함에 있어서 내가 쓸 한도를 정해놓고, 그 외의 금액은 사용하지 않아야 한다. 예를 들어 3개월 후부터 시작할 저축 목표액이 월 100만 원이라면, 첫 달부터 50만 원을 저축하고, 그 다음 달은 70만 원, 그 다음 달은 90만 원을 저축하면서 3개월 후에는 100만 원을 온전히 저축할 수 있도록 미리 연습하자. 이렇게만 해도 어렵지 않게 본인이 목표한 저축액을 만들 수 있다.

우선 내가 어떤 소비 습관을 가지고 있는지 파악하자. 그러고 나면 객관적으로 내 경제레벨을 체크할 수 있다. 오늘부터 당장 변해야 한다. 내가 재테크를 해낼 수 있는 소비 습관을 갖고 있는지 파악하고, 돈 불리는 재테크를 시작할 능력이 있는지 체크해보자. 적금과 예금금리의 차이를 아는 것, CMA와 MMF, ETF 등 다양한 금융상품을 아는 것, 소득공제와 세액공제를 구분하는 것 등이 모두 돈을 불리는 능력에 속한다. 이에 대해서는 다음 장에서 자세히 살펴보자. 외부팩트 파악과 함께 나의 수준과 문제점을 파악하는 내부팩트 체크가 돈을 불리는 재테크의 시작이다.

☑ **재테크를 해낼 수 있는 소비 습관을 만드는 것이 먼저다.**

저축액과 생활비 한도를 정해놓고 스스로 소비를 관리, 점검하자. 나의 수준과 소비 패턴을 파악하는 내부팩트 체크가 재테크의 기본이 된다.

CHAPTER 2

충동적 소비의 끝은
충격적인 통장 잔고
주관적 팩트 체크

한 달에 재테크로 10만 원을 불리는 게 쉬울까, 10만 원을 절약하는
게 쉬울까? 당연히 절약이 쉽다. 사실 재테크의 기본은 투자가 아니라
절약이다. 재테크 열등생의 가장 큰 문제는 바로 소비를 제대로 관리
하지 못하고, 절약하지 않는다는 것이다.

적은 돈을 자주 쓰는 재테크 열등생

일본에는 '쁘띠사치'라는 말이 있다. 똑같은 물건인데 평소에 사는 것보다 조금 더 비싼 것을 구매하는 것을 말한다. 평소에는 집 앞 편의 점에서 디저트를 사먹다가 한 주간 고생했다며 편의점 대신 백화점에 서 디저트를 사먹는 것을 예로 들 수 있다. 혹시 이와 비슷한 행동을 해본 적이 있는가? 구체적인 상황은 다를 수 있지만 한 번쯤은 해봤을 것이다. 기분전환의 수단으로 소비를 택하는 것이다. 특히 직장에서 받은 스트레스를 해소할 마땅한 대안이 없는 직장인들이 이런 식의 소 비로 스트레스를 해소한다.

본인에게 주는 포상이 다소 과한 경우도 있다. 내가 아는 지인은 스 트레스 해소 방안으로 고가의 신발을 구입한다. 좋아하는 신발을 방 안 가득 진열해놓은 것을 보면 마음이 편해진다고 했다. 사실 이것을 가지고 탓할 수는 없다. 그리고 본인의 만족감을 위한 소비이니 잘못 했다고 말할 수도 없을 것이다. 하지만 위로를 핑계 삼아 돈을 쓴 후, 텅 빈 통장 잔액을 보고 다시 우울감을 느낀다면 이것이 합리적인 소 비인지 다시 판단하게 된다. 직장인들에게 합리적인 소비는 무엇보다 중요하다.

다른 예를 들어보자. SNS를 구경하던 중, 한 화장품 광고가 나온다. 트러블 가득했던 얼굴이 2주 만에 꿀피부가 되었다는 광고다. 유심히 보다가 '50% 할인' 문구를 보고 구매 버튼을 누른다. 나도 모르게 충동 적인 구매를 한 것 같지만, 피부 관리야 하면 좋은 것이고 오늘 상사에 게 많은 스트레스를 받았기 때문에 이 정도는 쿨하게 쓰기로 한다.

최근에는 이렇게 비싼 사치품을 구매하지 않고 '작은 소비'를 하는 사람들이 많아졌다. 작은 소비란 상대적으로 저렴한 상품을 구매해 최대의 만족감을 얻는 소비 트렌드를 말한다. 경제적으로 부담이 되는 소비를 하는 대신, 작은 소비로 소소한 행복을 느끼려는 것이다. 문제는 작은 소비를 자주, 쉽게 한다는 것이다. 판매자는 이런 경향을 이용해 소비자에게 어필하고 마케팅한다. 안 사면 오히려 손해 보는 것 같은 느낌이 들도록 만들기까지 한다.

바로 여기에서 문제가 발생한다. 당장 필요하지 않은 것들도 저렴한 가격에 충동적으로 구매해 예상치 못한 지출이 발생한다. 소비접근성이 좋아지면서 이런 충동 구매도 크게 증가하고 있다. 또 욜로 트렌드와 맞물려 나에게 투자하는 돈은 아깝지 않다 합리화하기도 한다. 이모든 것이 소비를 자극하는 환경을 만든다. 과연 나는 합리적인 소비를 하고 있는지 꼭 따져보자. 충동적인 소비의 끝은 충격적인 통장 잔고일 것이다.

소비 면역력을 기르는 연습을 하자. '마시멜로 실험'은 통제력이 약한 네 살짜리 아이들이 정해진 시간 동안 마시멜로 사탕의 유혹에 어떻게 반응하는지를 관찰하고 분류한 다음, 그 아이들이 청소년기와 성인기를 거치면서 어떻게 성장했는지 추적한 실험이다. 마시멜로의 유혹을 잘 참은 아이는 잘 참지 못한 아이들보다 가정과 학교에서 훨씬 우수했다는 결과가 나왔다. 실험에서 유혹을 잘 참은 아이에게 보상 차원에서 사탕 한 개를 더 주듯이, 명품가방과 필요하지 않은 물건을 사고 싶은 유혹을 견디면 불어난 통장이 보너스처럼 달려 온다. 이를 계속해서 인지하면, 돈을 모으는 과정에서 소비 욕구에 대한 강한 면역력이 길러지는데, 이런 경험은 앞으로 경제생활을 해나감에 있어 굉장한 무형의 자산이 된다.

팩트체크

☑ **재테크 열등생은 적은 돈을 쉽게, 자주 쓴다.**

적은 돈으로 현명한 투자를 시작할 수도 있다. 우선 절약하고, 모이면 큰 소비가 되는 작은 소비를 줄이자.

'포기'도 전략이다
주관적 팩트 체크

세계적인 운동선수들은 불필요한 동작을 거의 하지 않는다. 즉, 필요 이상의 에너지 소모를 하지 않는다는 말이다. 이처럼 분야를 막론하고 어떤 분야에서든 발전을 위해서는 불필요한 과정을 빼는 것이 필수다. 운동선수의 동작이 그렇고, 이익을 늘리기 위해 공장 생산라인의 공정을 최소화시키는 것이 그렇다.

우리의 소비에서도 분명 불필요한 소비가 존재한다. 내 소비에서 불필요한 부분을 빼거나 줄이면 지금보다는 훨씬 더 합리적인 소비를 할 수 있다. 소비가 줄어든 만큼 예전에는 없던 여윳돈이 생길 것이고, 그 여윳돈으로 더 많은 저축을 하거나, 대출금을 갚을 수 있다. 어떻게 사용하든지 지금보다는 분명 더 나은 상황을 만들 것이다. 어떤가? 생각만 해도 두근거리지 않는가? 하지만 심리적 만족을 느끼는 것에서 더 나아가 실질적인 도움이 되도록 실천까지 해내려면 몇 가지 필수 과정을 거쳐야 하고 또 스스로 많은 노력이 필요하다.

가계부 작성하기

본인의 소비 패턴을 파악하기 가장 좋은 방법은 바로 가계부를 작성하는 것이다. 가계부를 쓸 때 어떤 항목을 어떻게 써야 하는지 막막해하는 사람들이 많다. 그러나 어렸을 때 용돈기입장을 써본 사람이라면 누구나 잘할 수 있다. 요즘에는 어플로도 가계부 작성을 손쉽게 할 수 있다. 그래도 일일이 수기로 작성하는 것을 추천한다. 그래야 본인의 소비를 한 번 더 머릿속으로 되뇌며 자극을 받을 수 있다. 어플에만 의존하다보면 고칠 점을 파악하지 못하고 가계부 작성으로만 끝나버릴 가능성이 있다. 가계부를 쓰는 목적은 '작성'이 아니라 '올바른 소비 습관 만들기'에 있음을 명심하자.

우선 소득과 지출이라는 큰 범주로 칸을 나누고, 지출은 월세, 통신비 등 매월 같은 금액이 고정적으로 나가는 '고정지출'과 생활비, 의류비 등 수수하게 용돈의 개념으로 쓰는 '변동지출', 그리고 경조사비, 명절 선물 비용 등 연간 불규칙적으로 나가는 '계절성 지출'로 나눠 정리하자. 그 외 세부항목은 개인마다 차이가 있으니, 본인이 생각하는 소비항목들을 체크해서 적도록 하자.

그리고 소비를 할 때마다 영수증을 꼭 챙겨야 한다. 영수증을 받을 수 없는 상황이라면 메모장에 날짜, 소비항목, 금액을 꼭 적어두도록 하자. 시간까지 적어두면 좋은데, 내가 가장 돈을 많이 소비하는 시간대가 어느 때인지도 추가적으로 파악할 수 있게 되어 그 시간대에 소비하는 것을 특히 경계할 수 있는 효과가 있다. 한 달 동안 영수증을 모아 집에서 체크를 해 보는 것이 이어지는 단계다. 밥값으로 얼마가 나갔는지, 옷이나 신발을 구매하는 것으로 쓴 돈은 얼마인지, 커피 값은 얼마나 썼는지 등 항목을 분류하는 것에만 집중하지 않고 실제로 어떻게 돈을 썼는지를 파악해야 한다.

영수증을 잘 들여다보면 내가 소비한 항목을 필요한 소비와 불필요한 소비로 나눌 수 있다. 불필요한 소비 항목들만 따로 분류해 적는다. 그리고 그 안에서 다시 필요한 정도를 따져 사치품 포기의 우선순위를 매긴다. 사치품은 보통 비싼 물품을 의미하지만, 초년생들에게는 본인 수준에 비싼 것뿐만 아니라 계획하지 않은, 충동적으로 구매한 물품까지 사치품으로 생각해야 한다. 그 중 가장 쓸데없는 지출 품목부터 차례로 나열하고 순서대로 소비를 줄여나가면 된다.

그리고 나서 해당 항목들을 사고 싶다고 느끼는 순간 그 만큼의 금액을 그 자리에서 바로 자유적금으로 이체해보도록 하자. 그러면 소비를 통해 얻는 만족감보다 훨씬 큰 보람을 느낄 수 있다. 또 한 달 후에는 꽤 많은 여윳돈이 만들어져 있을 것이고, 그 돈은 곧 무엇이든 할 수 있는 충분한 자산이 될 것이다.

카페라떼 효과

커피 값으로 지출이 너무 많았던 사람이 카페라떼가 마시고 싶을 때마다 저축을 하고 대신 카누를 마셔 욕구를 해소한 사례가 있다. 많이들 알고 있는 카페라떼 효과를 직접 실행에 옮긴 지인의 사례. '그까짓 커피 값 아낀다고 얼마나 모으겠어?'라고 할 수도 있지만, 그 커피 값이 모여 1년 뒤에는 꽤 큰돈이 되고, 나를 웃음 짓게 할 것이다.

최근 조사에 따르면 '예쁜 쓰레기', 즉 예쁘지만 크게 쓸데가 없고 실용성이 제로인 물품을 사 본 경험이 있는 20대가 약 30%가량 된다고 한다. 이 중 대부분은 '언젠가는 쓰겠지'하는 생각으로 제품을 사놓고 묵혀둔다. 이런 예쁜 쓰레기가 심리적 만족을 줄 수는 있겠지만, 경제적으로 나에게 도움이 되는 소비는 절대 아니다. 나에게 정말 의미 있는 소비인지, 아니면 한 순간의 스트레스 해소용일 뿐인지 스스로 잘 판단하자. 불필요한 소비를 줄여나갈 수 있을 것이다.

☑️ **가계부를 써 불필요한 소비를 걸러내자.**

예쁘지만 쓸 데가 없는 제품을 충동적으로 구매하진 않았는지 점검해보자. 의미 없는 소비를 포기하고 대신 그 돈을 자유적금으로 이체해 돈 모으는 재미를 느껴보자.

CHAPTER 4

쪼개지 않으면
절대 불어나지 않는다
주관적 팩트 체크

아무 요령 없이 무작정 쓰는 돈을 줄이는 것은 사실상 불가능하다. 가계부를 써서 과도하게 소비하는 항목을 찾는다 하더라도 무작정 줄이기가 쉽지 않은데, 제일 좋은 방법이 강제저축이다. 일단 저축부터 하고, 남는 돈으로 생활하는 것이다.

그러기 위해선 통장을 나눠야 하는데 기본적으로 4가지 통장으로 나누는 것을 추천한다. 급여통장을 포함해 저축(투자)통장, 소비통장, 예비(비상금)통장이 그것이다. 통장을 나누면 강제저축 효과가 있을 뿐 아니라 나의 돈이 어디로 흘러가고, 어떻게 관리되고 있는지도 파악할 수 있다는 장점이 있다. 누구나 한 번쯤 '통장 쪼개기'에 대해서 들어

봤을 것이다. 뭘 쪼개라는 것인지는 잘은 모르지만 일단 쪼개야 좋다는 것쯤은 대부분 알고 있다. 그러다 보니 "저는 적금통장을 4개로 쪼개서 나눠 들었어요!"라며 자신 있게 말하는 사람이 있다. 안타깝지만 통장 쪼개기는 적금에 드는 돈을 쪼개는 것이 아니라 급여통장, 저축(투자)통장, 소비통장, 비상금통장, 이렇게 4개의 통장을 만들어 월급을 더 효과적으로 관리하는 것을 말한다.

모든 조직에서 원활한 업무 진행을 위해 역할별로 부서를 나누듯, 월급도 마찬가지로 돈의 역할에 따라 통장을 나누어 관리하는 것이 재정 관리에 있어 훨씬 효과적이다. 이것은 단순히 통장을 여러 개로 나눈다는 의미를 넘어 나의 급여를 효과적으로 '통제'하기 위해서 꼭 필요한 기술이라고 할 수 있다. 월급이 들어오면 '쓸 돈은 쓰고, 남으면 좋은데 아니면 말고' 식으로 계획 없이 무분별하게 돈을 쓰다보면 어느새 나의 재정상태가 바닥을 드러내는 순간이 분명히 온다.

특히 학생이나 사회초년생은 급여통장 하나만으로 생활비부터 비상금까지 모든 것을 해결하려는 경우가 많은데, 이렇게 할 경우 돈의 용도가 분리되지 않아 과소비를 하거나 적금통장을 깨야하는 경우가 발생하기도 한다. 이런 상황을 사전에 방지하고 나의 소중한 돈을 지키기 위해서는 통장 쪼개기 기술을 꼭 익히고 실행할 필요가 있다. 지금부터 4개의 통장에 대해 살펴보고 가장 잘 활용할 수 있는 방법을 알아보자.

기적의 통장 쪼개기 기술

① 급여통장

한 달 중 가장 기쁜 날, 바로 월급이 통장에 입금되는 날이다. 통장에 찍힌 월급액만큼이나 내 마음도 넉넉해진다. 하지만, 급여통장은 말 그대로 월급을 받기 위한 통장일 뿐, 수일 내로 잔액을 최소한으로 만들어놓아야 한다. 급여통장은 다른 통장으로 내 돈을 배분하는 중간다리 역할을 한다. 굳이 잔액을 남겨놓을 필요가 없다.

급여가 들어오면 각종 교통비, 통신비, 월세 등 고정적으로 일정한 금액이 빠져나가는 '고정지출' 항목들의 총액을 파악하고, 추가 결제 가능성을 대비해서 그 금액보다 조금 넉넉하게 잔액을 남겨둔다. 급여통장에 있어야 할 돈은 딱 이 정도 뿐이다. 월급의 나머지는 저축통장, 소비통장, 비상금통장에 각각 정해둔 금액만큼 이체시키도록 한다. 급여일을 기준으로 자동이체가 되도록 설정을 해두는 것이 가장 편리하다.

급여통장은 보통 회사에서 정해둔 은행으로 개설하는 경우가 많다. 만약 따로 설정할 수 있는 경우에는 CMA나 주택청약을 가입해둔 은행의 계좌를 이용하는 것이 좋다. CMA는 적금과 비슷한 수준의 금리를 주기 때문에 이자가 없거나 저금리 이자를 적용하는 일반적인 급여

통장보다는 많은 이자를 받을 수 있다.

주택청약을 가입한 은행에 급여계좌를 만들어두는 것은 나중에 '대출'을 받을 때 혜택을 받기 위해서다. 은행에서 대출을 받을 때 금리를 낮출 수 있는 방법 중 하나가 급여통장 계좌를 해당 은행에 개설하는 것인데, 마찬가지로 주택청약 계좌를 가지고 있어도 금리를 낮춰준다. 굳이 급여계좌를 청약저축이 있는 은행으로 개설하는 이유는 급여계좌는 손해 없이 다른 은행으로 바꿀 수 있지만, 청약저축은 다른 은행으로 옮기려면 해지하고 새로 가입해야 하기 때문이다.

② 저축(투자)통장

저축통장에는 매달 저축하기로 마음 먹은 고정저축액이 들어오도록 한다. 예를 들어 급여 중 100만 원을 저축하기로 마음먹었다면 급여통장에서 저축통장으로 100만 원이 매달 자동이체 되도록 설정하는 것이다. 그리고 이 100만 원이 여러 금융상품에 저축될 수 있도록 설정해두면 끝이니 크게 어려울 것은 없다. 저축통장에 입금되어야 할 항목에는 매달 적립식으로 불입되는 적금, 적립식펀드, 연금, 보험료 등이 있다.

혹시 "급여통장에서 바로 이체되도록 해놓으면 저축통장은 굳이 없어도 되지 않나?"라는 의문이 드는가? 좋은 지적이다. 저축통장은 편의에 따라 따로 만들지 않아도 괜찮다. 번거로움을 감수할 수만 있다면 말이다.

저축통장을 따로 마련하는 것에는 다음과 같은 몇 가지 이유가 있다.

첫째, 회사 이직 등으로 인해 부득이하게 급여통장을 바꾸게 될 수 있기 때문이다. 만약 급여통장에서 바로 금융상품에 이체되도록 설정해두었을 경우, 모든 금융상품의 자동이체 설정을 일일이 바꿔야 하는 번거로움이 생긴다.

둘째, 신용카드 결제대금으로 인해 급여통장의 잔액이 부족하여 금융상품으로 매달 빠져나가야 할 금액이 빠져나가지 않는 경우다. 적금 같은 은행권 상품은 만기일이 늘어나는 것으로 그치겠지만, 보험 같은 상품은 연체나 실효가 발생할 수도 있다. 밀린 금액을 한 번에 납입해야 하니 여간 부담스러운 것이 아니다.

셋째, 금융상품마다 이체일이 다를 수 있기 때문이다. 어떤 것은 매월 5일에 이체가 되고, 어떤 것은 20일, 또 어떤 것은 말일에 이체가 되는 등 통일되면 좋았을 이체일이 금융상품마다 부득이하게 다를 수가 있다. 이럴 경우 내 급여통장의 잔액이 얼마여야 맞는 것인지 헷갈릴 뿐 아니라 잘못 계산하면 저축할 돈을 쓰게 될 수도 있다.

이런 모든 불편함을 단지 저축통장을 만드는 것만으로 해결할 수 있다. 굳이 필요한가 싶음에도 불구하고 저축통장이라는 중간단계를 넣는 이유는 그만큼 확실히 하기 위해서다. 내가 저축하겠다고 정해둔 금액은 꼭 사수해야 하지 않겠는가? 그래야 자산을 모으고 불리는데 있어서 걸림돌 없이 목표를 이룰 수 있다. 저축통장을 만드는 작은 귀찮음을 피하려다가 큰 골칫거리를 만들지는 말자.

③ 소비통장

소비통장을 만들어 사용하는 가장 큰 목적은 바로 '소비 통제'에 있다. 사람은 생각보다 자기 통제력이 약하다. 그렇기 때문에 매월 쓰고자 하는 한도를 정해놓지 않고 소비하면 쉽게 과소비 함정에 빠질 수 있다. 소비가 많아지면 당연히 저축 여력은 줄어들 것이고, 그렇게 몸에 밴 습관은 앞서 말했듯이 미래에 큰 악영향을 끼칠 수 있다.

예를 들어, 굳이 필요하지는 않지만 구매 충동이 생기는 예쁜 쓰레기(70쪽 참고)를 보고 지름신이 강림했을 때 내가 쓸 수 있는 돈의 한도가 있을 때와 없을 때의 차이는 분명하다. 소비에 한도가 있는 경우 나에게 남은 잔액을 보고 이게 굳이 필요한지 한 번 더 생각하게 되지만, 한도가 없는 경우 그냥 사버릴 확률이 높다.

정해둔 생활비 안에서 소비하는 습관을 기르는 것은 소비 통제와 더불어 신용카드 사용을 억제하는 효과도 있다. 잘 잡힌 습관 덕분에 굳이 신용카드 빚을 지지 않고 충분히 생활할 수 있게 되고, 만약 어쩔 수 없이 신용카드를 쓰거나 할부를 사용해야 한다면 다음 달 결제될 금액을 제외한 만큼만 소비통장에 이체시켜 사용하면 되니 한도 내에서 충분히 사용할 수 있는 통제력이 생기게 된다. 소비통장은 이렇게 좋은 자극을 준다.

④ 비상금통장

이번 달 경조사가 많아 많은 지출이 예상된다면? 갑자기 핸드폰이 망가져서 당장 바꿔야 한다면? 혹은 주차하다가 다른 차량에 손해를 입혀서 이를 물어줘야 한다면? 급작스레 이런 상황이 발생한다면 여러분은 필요한 돈을 어디서 충당하겠는가?

옛날에는 관아에 일정량의 비상식량을 항상 비축해두고, 흉년이나 혹시 모를 재해가 발생했을 때 백성들에게 풀어 나누어주도록 대비해두었다 했다고 한다. 예상치 못한 상황에 모두를 굶겨 죽일 수는 없으니 이런 대책을 마련해 둔 것이다. 이처럼 예기치 못한 상황이 발생했을 때를 대비하기 위해 미리 마련해두는 비상식량 같은 역할을 하는 것이 바로 비상금통장이다. 일상생활을 하다보면 생각지도 못한 곳에서 크고 작은 지출이 발생한다. 단순히 생활비를 조금 아껴서 해결할 수 있는 경우에는 다행이지만, 수십 혹은 수백만 원의 돈을 지출해야 하는 경우라면 울며 겨자 먹기로 예금이나 적금을 해지하거나 주변에 도움을 구해서 해결하게 될 수도 있다. 따라서 저축통장과 소비통장을 만들었다고 안심할 것이 아니라 이를 흔들림 없이 유지하기 위한 비상금통장은 꼭 있어야 한다.

그렇다면 비상금은 얼마나 모아두어야 할까? 100만 원? 200만 원? 500만 원? 비상금이 필요한 여러 상황 중에서도 가장 절실한 상황을 꼽자면 수입의 단절로 저축 및 소비에 문제가 생기는 것, 바로 이직으로 인한 소득의 공백기가 발생할 때다. 짧게는 수일, 길게는 수개월이 걸리는 소득의 공백 기간 동안의 나의 수입을 대신할 수 있을 만한 정도, 현재 급여의 약 2~3배 정도를 비상금으로 마련해 두는 것이 가장 적당하다. 이직 기간이 3개월 이상 이어지면 나의 재테크 생태계가 아예 무너져버려 처음부터 다시 시작해야할 수도 있기 때문에, 이직을 준비하는 기간도 최대 3개월 이내로 잡는 것을 권장한다. 그리고 그 기간 동안에는 모아둔 비상금으로 급여를 받을 때와 동일한 패턴으로 생활을 하면 된다.

직업 특성상 빈번한 이직 때문에 저축을 시작할 엄두가 나지 않는다는 사람들이 있다. 앞으로도 평생직장을 찾기는 쉽지 않을 것이다. 그렇다면 언제가 되어도 어느 것도 시작할 수 없다. 이런 경우라면 시작을 미루는 대신 불안한 만큼 비상금과 같은 유동성 자금을 보통 사람들보다 더 충분하게 마련해두면 된다. 명심하자. 지금부터 시작하지 않으면 나중에는 더 시작하기가 힘들어진다.

비상금통장은 비상상황에 언제든 빼서 쓸 수 있도록 '수시입출금' 기능이 있어야 한다. 일반 입출금통장을 사용해도 괜찮지만 비상금통장으로 가장 추천하는 금융상품은 바로 CMA이다. 일반 입출금통장은 금리가 거의 없는 반면 CMA는 적금 수준의 금리를 주기 때문에, 투자로 불리지 못하고 묵혀두는 내 피 같은 돈에 조금이나마 붙는 이자로 위안이 된다.

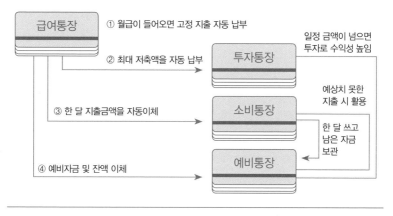

출처: 《사회초년생 월급으로 살아남기》

쪼갠 통장 관리법

정리하면, 일단 월급이 입금되면 월세나 공과금 같은 고정적으로 나가는 비용을 자동이체하고 나머지 돈을 투자, 소비 통장으로 이체하도록 한다. 일단 급여통장은 항상 잔액이 0에 가까워야 한다. 급여통장에 잔액이 있다는 것은 놀고 있는 돈이 있다는 뜻이다. 투자통장은 적금, 펀드, 보험, 연금 등을 관리하는 통장인데, 중요한 것은 이체일을 같은 날로 설정하는 것이다. 거래 내역을 살펴볼 때, 내가 어디에 얼만큼 돈을 투자하고 있는지, 자금 흐름이 한눈에 파악된다. 제대로 재테크를 해보려는 사람은 급여액의 50~60% 이상을 투자통장에 넣는 것을 추천한다.

소비통장은 자신의 급여액에 따라 달라지지만 급여의 30% 정도가 적당하다. 소비통장의 목적은 불필요한 지출을 막는 것이다. 소비통장에 들어온 돈만으로 한 달을 보내고, 추가적인 소비가 발생하지 않도록 한다. 그리고 남는 돈은 비상금통장으로 보내는데 이는 예상치 못한 지출이 발생했을 때를 대비하기 위함이다. 예비자금은 적어도 평소한 달 지출의 3배 정도를 유지하는 것이 좋다. 그래야 갑작스러운 지출이 발생했을 때 포트폴리오 변동 없이 바로 대처할 수 있다.

통장 쪼개기는 다양한 재테크 책과 인터넷 콘텐츠에서 다뤄온 주제다. 대부분 4개의 통장으로 쪼개고 쓰는 기술적인 방법에 대해서는 알려주지만, 구체적으로 어떤 이유 때문에 통장을 쪼개야 하고, 그로 인해 어떤 효과가 있는지에 대해서는 자세히 알려주지 않는다. 통장 쪼개기는 단순하게 통장을 분류하는 것을 넘어 재테크 체력을 기르는 중요한 역할을 한다는 것을 깨달았을 것이다.

가로형 저축

왜 생각처럼 돈이 모이지 않을까? 문제는 필요한 자금을 그때그때 해결하는 '세로형 저축'에 익숙하기 때문이다. 세로형 저축이란 결혼, 육아, 주택대출금 상환 등 앞으로 다가올 많은 대소사들을 '시간 순서대로 하나하나씩' 준비하는 것이다. 예컨대 결혼자금을 먼저 준비하고, 결혼 후에 아이가 생기면 육아비 준비, 아이가 태어나면 주택자금 준비하는 식이다. 당장 눈앞에 보이는 것만 집중하는 게 편히간 하나, 거시적 관점으로 본다면 얘기는 달라진다. 결혼을 하면 살아야 할 집, 자녀계획, 교육자금, 노후자금 등 보이지 않는 미래에 대해 조금 더 관심 가져야 한다.

1년 동안 모은 적금으로 평소에는 생각하지도 못했던 사치도 부릴 수 있게 됐다. 그러다 보면 힘들게 모은 '목돈'이 서서히 쪼그라들고 나중에는 '푼돈'이 되어버린다. 특별한 목표가 없으면 허투루 돈을 쓰게 되고, 목표가 있더라도 당장의 단편적인 목표만 있다면 귀한 자투리 돈도 새어나간다. 이게 바로 세로형 저축의 단점이다.

저축은 가로형으로 해야 한다. 가로형 저축이란, 목표와 용도에 맞게 계획을 세우고 이를 '동시에' 실천하는 저축 방식이다. 자녀 교육자금, 대출금 상환을 일정 기간 집중적으로 준비하는 것이 세로형 저축의 전형적인 유형이라면, 가로형 저축은 자금을 목적별로 나열하고 저축자금을 동시에 배분하는 방식이다. 저축을 시작할 때부터 통장 사용을 '사용 목적별(가로저축)'로 분류해야 한다. 목적별로 쓸 수 있는 비용은 동일하면서, 쉽게 사라지는 돈은 꾸준히 유지할 수 있다.

20대는 대부분 저축을 적금에 몰아서 하는 경향이 있다. 같은 100만 원을 투자해도 적금, 연금보험, 펀드로 분산하는 것이 중요하다. 매월 100만 원을 금리 3% 적금에 1년 동안 저축하는 세로저축은 세후이자가 연간 16만 4,970원이 나온다. 10년 동안 같은 방식으로 적금을 넣는다면 이자 수익은 '16만 4,970원×10년=164만 9,700원'이 된다.

가로저축은 100만 원을 목적별, 기간별로 분산 투자하는 방식이다. 단기 자금으로 30만 원을 연 3% 금리의 저축은행의 1년 만기적금상품에 투자 시 원금 360만 원에 이자는 4만 9,491원이 된다. 중기자금으로 50만 원을 수익률 5% 펀드에 5년 투자 시 1년간의 수익을 따져보면 세후이자 13만 7,457원을 포함한 만기지급액은 613만 7,475원이다. 장기 자금으로 20만 원을 10년 동안 복리효과를 누릴 수 있는 상품에 투자해 7% 수익을 얻었을 때, 비과세를 반영하면 2,704만 7,234원이 되고 연간 수익만 따져보면 30만 4,723원이 된다.

짧은 시간에 목돈을 쥐어 보상심리를 찾는 태도를 버려야 한다. 통장 자금은 기간과 목표에 따라 분배해 '가로형'으로 투자해야 한다는 것을 잊지 말자.

팩트체크

☑ **통장 쪼개기로 시작하는 강제저축이 모으고 불리는 습관을 만든다.**

통장을 급여통장, 투자통장, 소비통장, 예비통장 4개로 나누면 체계적인 돈 관리가 가능해진다. 지금 하지 않으면 계속 안 한다. 그 중요성을 알면서도 하지 않는 통장 쪼개기, 당장 시작하자.

| 팩트 4 |

투자는 유일한
역전의 기회다

펀드명만 제대로 알아도
수익률이 달라진다

펀드명도 못 읽는 당신, 돈 잃어도 싸다

직장생활을 몇 년 하다 보면 펀드 하나 가입해보라는 말을 자주 듣는다. 친구, 대학 동기, 회사 과장님의 각종 조언이 쏟아지고, 머리가 아파온다. 부족한 월급을 불려 보려고 이리저리 알아보다 자산설계사가 추천한 펀드에 덜컥 가입해버린다. 전형적인 재테크 열등생의 모습이다. 내가 처한 상황을 아는 것, 국내외 경제상황을 읽는 눈을 갖는 것, 이 두 가지가 투자의 기본이다.

펀드명을 잘 살피면 수수료와 운용사, 운용전략과 법적속성까지 거의 모든 기본적인 사항을 확인할 수 있다. 그런데 자신이 가입한 펀드 명을 제대로 아는 사람, 긴 펀드명이 무엇을 의미하는지 제대로 아는 사람이 거의 없다. 이런 사람들은 돈을 잃어도 싸다. 가슴에 손을 얹고 생각해보자. 신상 겨울코트를 살 때만큼 열심히 인터넷을 검색하며 펀드 상품을 꼼꼼히 분석해본 적이 있는가?

현대인베스트먼트로우프라이스증권자투자신탁 1(주식)A1

현재 판매되고 있는 한 펀드다. 펀드 이름은 '자산운용사+운용전략 +투자자산+법적속성+투자유형+펀드클래스' 순서로 붙이는 것이 원 칙이다. 펀드 수익을 예상하려면 수수료와 보수의 차이를 확실하게 인 지해야 한다. 수수료나 보수 모두 펀드 투자의 대가로 내는 비용이다. 단, 수수료는 일회성 비용이고 보수는 정기적인 비용이다.

펀드 이름만 봐도 수수료 체계를 알 수 있는데, 위의 펀드명 마지막 에 나와 있는 A는 '클래스'다. 알파벳 한 글자로만 표시돼 있어 이에 대한 사전 정보 없이는 절대로 이해할 수 없다. A클래스는 '선취수수 료를 떼는 펀드'라는 뜻으로, 펀드 가입 시 판매수수료 명목으로 1% 외의 금액을 거두어 감을 의미한다. 이와 반대로 후취수수료, 즉 가입 시점이 아니라 펀드 투자를 끝내는 환매 시점에 판매수수료를 부과하 는 펀드를 'B클래스'라고 한다. 선취든 후취든 판매수수료가 아예 없는 펀드는 'C클래스'로 표시한다. 선취와 후취 모두 부과하는 'D클래스'도 있는데, 우리나라에는 거의 존재하지 않는다.

'E클래스'는 인터넷을 통해서만 가입할 수 있는 인터넷 전용 펀드란 의미다. 'P'로 표시되는 펀드는 개인연금 저축펀드 계좌나 퇴직연금 계좌처럼 연금 전용 계좌로만 가입할 수 있는 펀드를 의미한다.

여기서 한 가지 팁! 투자 기간이 길면 보수(특히 판매보수)가 낮은 A클래스, 투자 기간이 짧다면 수수료가 없는 C클래스가 유리할 수 있다. 또한 펀드 이름 끝에 소문자 'e'가 붙은 펀드는 온라인 전용 펀드이기 때문에 상대적으로 비용이 저렴한 편이다.

클래스별 차이를 확인하는 가장 좋은 방법은 판매사나 운용사 홈페이지에서 투자설명서를 확인하는 것이다. 보통 투자설명서 앞부분에 그 차이를 정리해둔 표가 있으며, 판매보수와 선취판매수수료, 환매수수료 등을 유심히 보는 것이 좋다.

분산투자로 안전하게 투자하자

주식이나 펀드 투자에서 가장 중요한 것은 높은 수익률이 아니라 위험을 최소화하는 것이다. 기본적으로는 해당 기업이 갖고 있는 위험요소를 고려해 투자종목을 선택하되, 경기 변동이나 정치·사회적인 변화 등 기업 외부의 위험요소를 함께 고려해야 한다. 이 때 가장 효과적으로 적용되는 투자 원리가 '분산'이다.

① 종목의 분산

분산투자의 가장 기본 유형은 여러 분야의 종목에 나눠 투자하는 것이다. 이를테면 서로 다른 업종의 A기업과 B기업에 나눠 투자하는 것인데, A기업과 B기업이 외부의 변화로부터 동일한 영향을 받는다면 분산의 의미가 사라진다. 한국의 사드THAAD(고고도미사일방어체계) 배치로 인한 중국과의 무역 갈등이 있을 때 만약 A, B가 중국에 수출하는 화장품 회사라면 분산투자의 효과를 기대하기 어렵다. 따라서 A는 수출기업, B는 내수기업으로 나눠 투자해야 분산효과를 볼 수 있다.

국가 분산투자 예를 살펴보자. 미국국채펀드는 투자 위험이 가장 낮지만 수익률 역시 낮다. 반대로 중국주식펀드의 경우 수익률과 투자 위험이 모두 높다. 수익성보다는 안정성을 추구하는 펀드 투자자라면 당연히 미국국채펀드를, 수익성을 추구하는 적극적인 투자자라면 중국주식펀드를 고를 것이다. 그러나 이 두 개의 펀드를 나누어서 투자하면 안정성과 수익성을 모두 추구할 수 있다. 대개 선진국과 개발도상국을 나눠서 투자 포트폴리오를 구성한다. 과거 일정 기간 동안의 수익률을 지나치게 신뢰하는 것은 바람직하지 않다는 것도 기억하자. 미국이나 유럽의 주식펀드는 안정적이고 러시아, 인도, 중국 베트남의 주식펀드는 위험하다고 딱 잘라 말할 수는 없다.

② 금액과 시간의 분산

분산은 단지 투자 종목을 나누는 데만 그쳐서는 안 된다. 금액과 시간의 분산을 결합하는 것이 좋다. 1,000만 원의 자금으로 A, B 두 종목에 투자한다고 가정하자. 이럴 경우 500만 원씩 한 번에 투자하지 말고 몇 차례에 걸쳐 나눠 투자해야 한다. '다시는 주식투자를 하지 않겠다'고 말하는 사람을 보면 대부분 금액과 시간의 분산을 하지 않아서 실패한다. 매수 방법에서부터 위험을 최소화하지 못한 결과다. 즉 매수 시점과 투자 금액을 한꺼번에 묶는 '몰빵' 투자는 위험할 수밖에 없다.

개인투자자는 대부분 이렇게 하소연한다.

"내가 사면 떨어지고, 팔면 오른다. 아무래도 나는 주식 투자와 맞지 않는 것 같다."

그런데 투자하면 떨어지고 팔았을 땐 내려가지만 한다면, 그래서 매수 시점과 매도 시점을 족집게처럼 정확히 알 수 있다면 집에서 주식 투자만 하지, 왜 월급쟁이를 하겠는가? 투자의 본질은 어느 누구도 내일의 가격을 알 수 없다는 것이다. 그래서 투자는 위험한 것이고, 분산해 투자하는 것이 중요하다.

주식 가격이 내려가면 더 싼값으로 추가 매수해 평균 매입 가격을 낮추는 방법이 있다. 일반적으로 잘 알려진 월적립식 펀드는 이 같은 분산 효과, 즉 '코스트에버리징'을 극대화한 방법이다. 종목 분산은 물론, 금액과 시간의 분산이 자동적으로 이뤄지는 시스템이기 때문이다.

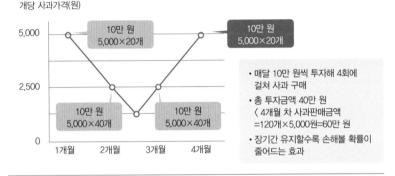

개당 사과가격(원)

- 매달 10만 원씩 투자해 4회에 걸쳐 사과 구매
- 총 투자금액 40만 원
  〈 4개월 차 사과판매금액
  =120개×5,000원=60만 원
- 장기간 유지할수록 손해볼 확률이 줄어드는 효과

출처: 《사회초년생 월급으로 살아남기》

따라서 주식 직접투자가 여의치 않다면 적립식 펀드를 통한 간접투자에 관심을 갖는 것도 좋은 방법이다.

적립식 펀드는 '코스트에버리징 효과'로 단기간 손해를 보더라도 시간이 흐르면 수익을 만회한다는 장점을 가진 펀드다. '코스트에버리징'은 매달 일정 금액을 투자할 때 주가가 떨어지면 주식을 많이 사고, 오르면 덜 사는 방식으로 주식 1주를 살 때 들어가는 평균 매입단가를 낮추는 효과를 말한다.

쉽게 설명해보겠다. 매달 10만 원씩 납부해 그 돈으로 꼬박꼬박 사과를 사는 적립식 사과펀드에 가입했다고 가정하자. 첫 달에는 시가가 5,000원이라 20개를 살 수 있었다. 두 번째 달에 2,500원으로 가격이 폭락해, 10만 원으로는 40개를 살 수 있었다. 세 번째 달 역시 개당 가격이 2,500원이어서 40개를 샀다. 네 번째 달에는 다시 5,000원으로 가격이 회복되어 20개를 샀다. 이제 다시 사과를 팔아보자. 총 사과 수는 '20+40+40+20=120개'이고 120개×5,000원=60만 원이다. 등락을 거듭했지만 4개월간 40만 원을 투자해 20만 원의 이익을 봤다.

이처럼 적립식 펀드는 주가가 떨어지면 오히려 기회라고 생각하는 지혜가 필요한 투자다. 주가가 폭락해 펀드의 기준가가 낮아지면 투자자는 '싸게 살 수 있다'는 장점을 보아야 한다. 펀드의 수익은 주식의 가격이 아니라 주식의 개수에서 나온다. 장기간 투자하면 수익을 얻을 수 있는 시점이 온다.

사는 것보다 파는 것이 중요하다

흔히 주식은 종목을 선택하는 것보다 매도 시점을 결정하는 것이 훨씬 쉽다고 생각한다. 하지만 실상은 정반대다. 주식투자의 성패는 매도 타이밍으로 결정된다. 이는 데이트레이딩 같은 단타 매매에서의 타이밍을 뜻하는 것이 아니다. 내가 투자한 주식 종목이 생각보다 올랐는데도 더 오를 것을 기대해 기다리다가 다시 하락한 경우, 또 내가 투자한 주식 종목이 계속 떨어지는데도 원금에 집착한 나머지 손실이 나도 계속 버티다가 어쩔 수 없이 파는 경우를 말한다.

우리는 욕심을 가지면서도 불안을 느낀다. 하지만 이런 심리를 잘 이용하면 오히려 투자이익을 확대하거나 손실을 줄일 수 있다. 다만 적절한 수준의 통제와 관리가 필요하다. 그렇지 않으면 주식투자가 투기와 도박이 될 수 있다. 그렇다면 욕심과 불안 심리를 어떻게 통제해야 할까? 두 가지 방법을 추천한다.

첫 번째는 '목표수익률'을 미리 정하는 것이다. 주식을 매수하면서 목표수익률에 따른 매도금액을 미리 정해두자. 예컨대 1,000만 원을 투지하면서 목표수익률을 10%로 정했다면 1,100만 원이 되는 순간 미련 없이 주식을 매도한다. 여기서 중요한 것은 목표수익률의 세분화인데, 먼저 주식투자로 기대하는 연간 목표수익률을 정한 다음 매수하는 주식의 목표수익률을 결정하도록 하자. 연간 목표수익률을 10%로 정하고, 매수하는 주식의 목표수익률은 5%로 따로 정하는 것이다.

이때 목표수익률은 주식 종목별로 정하면 안 된다. 종목별로는 분산투자를 했더라도 목표수익률은 전체 금액을 기준으로 세워야 한다. 예를 들어 A와 B 두 종목에 각각 500만 원씩 총 1000만 원을 투자하면서 목표수익률을 5%(50만 원)로 정했다면 A와 B 모두에서 5% 수익을 기대할 수도 있지만, A는 −10%(50만 원 손해), B가 +20%(100만 원 수익)가 되면 목표에 도달했다고 보는 것이다. 하지만 이 경우 개인투자자는 대부분 B를 매도하고, 손해가 발생한 A는 원금에 집착해 팔지 못한다. 그 결과 목표수익률을 미리 정한 것과 분산해 투자한 효과는 사라지게 된다.

목표수익률을 꼭 지켜야 하는 또 다른 이유는 아무리 적은 수익도 그것을 실현하는 경험을 쌓는 것이 중요하기 때문이다. 수익 실현 경험을 스포츠에 빗대어 이야기하면 '이기는 습관'을 쌓는 것이다. 이 습관은 자신감이 생겨 이후 경기에도 긍정적인 영향을 미친다. 수익 실현 경험도 주식투자에 자신감을 갖게 한다는 의미가 있다.

욕심과 불안을 통제하는 두 번째 방법은 '전쟁은 단 한 번의 전투로 끝나지 않는다'는 사실을 인지하는 것이다. '연간 목표수익률 10% 달성'은 처음부터 가능한 것이 아니다. 따라서 이번의 실패가 밑거름이 돼 다음 투자를 승리로 이끌 수 있다는 믿음을 가져야 한다.

그러려면 목표수익률과는 정반대 개념인 '손실 기준율'을 정할 필요가 있다. 최선을 다해 투자종목을 선택하고 적절히 분산투자 했더라도 손실은 발생할 수 있다. 때로는 그 원인이 시장 전체에 미친 외부 환경에 있을 수도 있고, 투자한 기업의 문제일 수도 있다. 전자의 경우 기다리는 것이 최선의 방법이다. 후자의 경우 종목을 교체한 후 다른 기회를 찾는 것이 효과적이다.

팩트체크

☑ **주식이나 펀드 투자에서 가장 중요한 것은 높은 수익률이 아니라 위험을 최소화하는 것이다.**

종목, 금액과 시간을 분산해야 한다. 분산투자, 목표수익률 설정 원칙을 지켜 겁만 내는 재테크 열등생에서 탈출하자.

CHAPTER 2

나에게 딱 맞는 펀드 고르기

　현재 시중에 나와 있는 펀드는 수천 개가 넘는다. 저마다 운용하는 전략도 다르다. 당연히 수익률도 천차만별이다. 어떤 펀드를 골라야 할지 막막한 게 당연하다. 그렇다면 수천 개의 펀드 중에서 나에게 맞는 펀드가 무엇인지 어떻게 알 수 있을까?

　펀드는 연애와 닮았다. 각자 이상형이 있다. 취미는 비슷했으면, 집이 가까웠으면, 외모는 어땠으면 하는 바람이 있다. 이상형 조건이 많을수록 선택할 수 있는 범위가 줄어든다. 펀드도 똑같다. 수천 개의 펀드가 있지만 그 중 내가 원하는 조건에 부합하는 것들을 골라내기만 해도 절반은 성공했다고 할 수 있다. 펀드를 고를 때 공통적으로 꼭 살펴야 하는 조건도 있다. 바로 수수료, 보수, 수익률, 운용규모와 안정성, 위험지표가 그에 해당한다. 그 중에서 가장 먼저 확인할 것은 수익률과 변동성이다. 결국 수익률은 높이고 변동성은 줄이는 것이 펀드의 핵심 목표이기 때문이다.

수익률 1위에 흔들리지 마라

수익률 상위권을 유지하는 펀드들을 살필 때 그 펀드의 유지기간이 3년 이상이면 가입을 고려해도 좋다. '수익률 1위'라는 말에 흔들리지 않고 오랜 안정권을 유지하는 펀드를 선택하는 것이 유리하다. 과거의 수익률에 너무 의존하지도 말자. 과거처럼 앞으로의 수익률도 좋을 것이라 보장할 수 없기 때문이다.

A펀드는 1년 수익률이 25%, 변동성이 20%다. B펀드는 수익률이 18%, 변동성이 10%다. 두 펀드 중 하나를 선택한다면 누구나 A펀드를 고를 것이다. 그러나 A펀드는 변동성이 커 수익률이 요동치는 모습을 보며 밤에 잠을 못 이루는 사태가 벌어질 수도 있다. 변동성이란 수익률이 변화하는 정도를 측정한 것으로, 이 값이 크면 클수록 수익률이 떨어질 가능성도 크다는 뜻이다.

따라서 펀드를 선택하는 기준을 한 가지 더 추가하면 '변동성이 작아야 한다는 것'이다. 결국 수익률은 크면 클수록, 변동성은 작으면 작을수록 좋다는 결론에 도달하게 된다. 변동성까지 감안하면 A펀드와 B펀드 중 어느 쪽을 택해야 할까?

수익률과 변동성을 함께 고려해 펀드를 선택하려면 '위험조정수익률'을 따져봐야 한다. 위험조정수익률은 1년 수익률을 변동성으로 나눈 값을 말한다. 이 값이 크면 클수록 위험 대비 수익률이 좋은 펀드이기 때문에 위험조정수익률로 펀드를 선택하면 좋은 결과를 얻을 수 있다. A펀드와 B펀드의 위험조정수익률(1년 수익률÷변동성)을 계산해보면 A펀드는 1.25배, B펀드는 1.8배가 된다. 따라서 위험조정수익률이 높은 B펀드를 선택하는 것이 옳다.

맛집에서 대표메뉴를 먹는 것과 같다

불고기로 유명한 맛집에 가서 불고기가 맛이 없을 확률은 적다. 반대로 불고기는 맛있는데 냉면은 입맛에 맞지 않을 수도 있다. 그래서 사람들은 대개 유명한 식당에 가면 그 집의 대표메뉴를 고르게 된다. 펀드도 마찬가지다. 자산운용사별로 가장 대표적인 펀드를 보유하고 있다. 오랜 기간 동안 누적된 실적으로 증명된, 많은 사람들이 선호하는 대표 펀드는 수익성이 좋으므로 자산운용사에서도 해당 펀드를 주의 깊게 신경 쓰고 관리할 수밖에 없다. 많은 사람이 찾는 데에는 이유가 있듯, 대표펀드를 선택하는 것이 상대적으로 안전하다. 그러나 내가 보유한 대표펀드가 더 이상 신규 가입을 받지 않는 상황이라면 그 펀드는 환매를 고려해보아야 한다.

운용규모와 안정성을 따져라

취업을 준비해본 사람이라면 알 것이다. 회사의 직원이 자주 바뀌고 구조조정이 많다면 그 회사는 좋은 회사가 아니다. 펀드 역시 해당 펀드를 운영하는 조직의 구성원들이 자주 바뀐다면 좋은 펀드가 아니다. 운용조직이 안정된 펀드야말로 위험 부담이 적은 펀드다. 설정 금액이 과하게 크거나 적으면 일단 경계하자.

여러 요인을 직접 따져보고 좋은 펀드를 선택해 가입하는 것이 가장 좋은 방법이지만, 사실 투자자가 시중에 나와 있는 수만 개의 펀드를 일일이 알아보기는 어렵다. 펀드 평가를 전문으로 하는 펀드 평가사의 자료를 활용하면 어떤 펀드가 좋은 펀드인지 구별할 수 있다. 예를 들어 펀드 평가사 '제로인'은 펀드를 5개 등급으로 구별해 태극기 개수로 펀드의 우열을 가리고 있다. 태극기의 개수가 많으면 많을수록 좋은 펀드다. 관심 있는 펀드를 선택해 태극기의 개수를 확인하면 해당 펀드에 대한 정밀한 분석 없이도 좋은 펀드인지를 확인할 수 있다.

좋은 펀드는 일등과 꼴등을 왔다 갔다 하는 펀드가 아니라 안정적인 수익률을 꾸준히 유지하는 펀드다. 따라서 단기 수익률만을 보고 펀드를 선택할 것이 아니라 펀드 평가사 자료 및 향후 전망 자료를 참고하면서 펀드매니저의 잦은 이직은 없는지, 해당 펀드의 운용 스타일이 일관되게 유지되고 있는지 등을 종합적으로 살펴야 한다.

어떤 펀드가 수익률이 높은 이유는 펀드가 투자하고 있는 대상의 성과가 양호하기 때문이다. 또 주식시장이 상승장일 땐 대부분의 주식형펀드가 플러스 수익률을 내고, 반대로 주식 시장이 하락장일 땐 거의 모든 주식형펀드가 마이너스 수익률을 보인다. 이 때문에 해당 펀드가 투자하고 있는 대상 즉, 국내주식형펀드라면 국내 주식시장에 대한 전망을, 중국주식형펀드라면 중국 주식시장에 대한 전망을 살펴야 한다. 전망이 좋은 곳에 투자하는 펀드 중, 위험조정수익률이 높은 펀드를 선택해야 한다는 것도 잊지 말자.

펀드는 지속적인 관리와 적절한 조정이 꼭 필요한 재테크다. 잘 선택해 꾸준히 관리하면 펀드만큼 안전하게 돈을 불릴 수 있는 방법이 없다. 소중한 자산을 활용해 투자하는 만큼, 충분한 기본기를 갖추고 시작해보자.

팩트체크

☑ **수익률이 높고 변동성이 낮은 펀드를 고르자.**

펀드만큼 안전하게 돈을 불리는 재테크는 없다. 안정적인 수익률을 유지하는 펀드를 꾸준히 관리해 재테크 체력을 기르자.

주식으로 돈을 버는 사람이
있긴 한 걸까?

도대체 주식으로 돈을 버는 사람이 있긴 한 걸까? 주식으로 망하는 건 제대로 알아보지 않고, 또 '단기투자' 하기 때문이다. 100만 원짜리 컴퓨터 한 대를 사는데도 몇 주를 검색하고 조사하면서, 주식은 제대로 알아보지도 않고 큰돈을 덜컥 물려놓는 사람들이 있다.

MBA 와튼스쿨의 제레미 시걸 교수는 한 강연에서 미국에서 가장 성공 확률이 높은 장기 투자는 주식이라고 이야기했다. 미국 주가를 200년 간 분석했을 때, 연 평균 6.6% 수익률이 나왔다고 한다. 200년 간의 통계이기 때문에 우리나라에도 시사하는 바가 크다. 한국은 이제 자본주의 역사 50년이 조금 넘은 국가다. '장기투자는 주식보다 부동산일 것'이라는 인식이 강하지만 최근 30년간 데이터를 보면 우리나라 역시 주식이 1위다.

주식의 장점

① 레버리지를 이용하지 않는다.

흔히 부동산은 실패하면 부동산이라도 남지만 주식은 실패하면 아무것도 남지 않는다고 말한다. 이는 잘못된 생각이다. 내 돈을 주고 산 것은 팔지 않으면 된다. 그러나 6억 원짜리 건물을 4억 원 대출 받아 샀는데, 공실이 생겨 이자만을 내야 하는 상황에, 공실 때문에 부동산의 가치가 떨어져 원금을 상환해야 하는 상황까지 겹칠 수 있다. 이럴 때 여윳돈이 없으면 원금 상환은 불가능하다.

결국 부동산 투자는 금리 위험, 공실 위험, 재건축 위험을 갖고 있는 투자임이 틀림없는 것이다. 또 부동산은 쉽게 팔리지도 않는다. 그런 면에서 주식이 유리하다. 한 개 가격이 싸서 여윳돈으로 살 수 있기 때문이다. 대출을 받지 않아도 된다. 삼성전자의 주식은 200만 원 중반대지만 십시일반 모여서 사는 구조다. 세계 1위 애플 주식은 20만 원이면 산다. 물론 해외 주식을 직접 구매했을 때는 수수료가 들지만, 비과세 상품을 찾을 수도 있고 간접투자 방식으로 구매할 수 있는 방법도 있다. 그러니 대출받지 않고도 꾸준히 사 모을 수 있다.

② 좋은 것을 살 수 있다.

런던의 메이 페어나 맨해튼의 부동산같은 세계 1위 부동산을 사고 싶어도 못 사는 이유는 한 개 가격이 너무 비싸기 때문이다. 하지만 누구나 세계 1위부터 100위권 주식을 살 수 있다. 돈이 없어서 못 사는 경우는 없다. 한 개의 가격이 비싸면 액면 분할로 가격을 내린다.

③ 내구성이 영구적이다.

주식의 장점은 재건축할 필요가 없다는 점이다. 물론 안 좋아지는 주식은 있다. 주식은 가격이 가장 중요하다. 주식의 가격이 떨어지면 다른 주식으로 바꿔야 한다. 스마트폰의 등장 이후, 컴퓨터에서 스마트폰으로 사람들의 IT기기 사용 패턴이 바뀌어 마우스 회사 로지텍의 주식 가격이 떨어진 것을 예로 들 수 있다.

주식의 단점

그렇다면 주식이 장점만 갖고 있을까? 그렇지 않다. 주식은 그 가격이 변한다는 것이 단점이다. 위험을 피하기 위해 맥도널드, 아마존, 구글, 마이크로소프트, 페이스북 같은 각 분야 세계 1위 주식에 투자하는 것도 방법이 된다. 이미 알려져서 안 오를 것 같지만 1년에 40% 이상은 꾸준히 오른다. 심지어 2배가 오른 것도 많다. 이미 가격이 정해져 있는 주택보다 많이 오른다.

　세계 1위의 주식은 망하지 않을까? 물론 망할 확률이 있다. 그러니 분산투자를 하면 된다. 한 종목당 투자 비율은 2% 이내로 하자. 아주 적은 금액으로 안정적인 주식을 하나 골라 사는 것도 좋다.

팩트체크

☑ **주식은 장기투자가 원칙이다.**

끈기를 갖고 오랫동안 잘 관리해야 하는 재테크가 주식이다. 단기투자로 실패한 사례에 흔들리지 말고 분산투자 원칙을 지켜 안정성을 추구하자.

CHAPTER 4

불확실성의 시대를 지키는 이씨 5형제 - ETF, ELS, ETN, EMP, ELW

저축으로 돈을 불리는 것이 거의 불가능해진 요즘 가장 주목받고 있는 금융 트렌드는 '이E 씨 5형제'다. 이는 금융상품인 ETF, ELS, ETN, EMP, ELW를 지칭하는 말이다. 이 중에서 이씨 5형제의 첫째, ETF를 주목할 필요가 있다. 소액으로 분산투자가 가능하고, 주식처럼 실시간 매매가 가능해 많은 사람들이 쉽게 관심 갖는 상품이다.

요즘 대세 ETF

ETF는 가장 많이 들어본 금융상품일 것이다. ETF는 Exchanged Traded Fund의 약자로, 상장지수펀드를 의미한다. 용어는 낯설지만 개념은 간단하다. 코스피 같은 지수 또는 통화, 채권, 금, 원유와 같은 특정 자산의 가격에 따라 수익률이 달라지는 펀드다. 코스피가 오르면 ETF도 오른다. 호황기였던 2017년 코스피와 코스닥은 각각 21.8%, 26.4% 상승했다. 증시 활황에 ETF 순자산 규모는 2017년 기준, 35조 2,781억 원으로 늘었다. 2016년 25조 1,018억보다 10조 1,763억 원 (40.5%)이나 증가한 수치다. ETF 가치가 상승했고 수익률도 크게 올랐다.

ETF는 거래소에 상장돼 주식처럼 거래할 수 있고, 종류가 다양해 분산투자할 수 있으며 수수료가 저렴하다는 장점이 있다. 최근에는 모바일 트레이딩 시스템 발달로 접근이 더욱 쉬워졌다. 〈블룸버그〉와 〈뉴욕마켓워치〉는 따로 ETF 전용 코너를 두고 기사를 쓴다. 2015년 말, 저성장·저금리 시대의 효율적인 자산관리 수단으로 ETF가 꼽히기도 했다. 한국거래소에 따르면 국내 ETF 시장은 약 37조 원으로 전 세계에서 순자산 규모 10위, 거래대금 5위, 상장종목수 9위로 아시아에서 가장 많은 종목을 보유하고 있다. 명실공히 금융투자상품의 대세다.

또 펀드로 분류되는 ETF의 가장 큰 장점은 주식처럼 매수할 때 가격이 즉시 반영 된다는 점이다. 국내주식형펀드의 경우 15시 30분 이전에 투자하면 주로 당일 종가가, 15시 30분 이후에 투자하면 영업일 기준 익일 종가가 반영된다. 해외주식형은 보통 2~3일 후의 종가가 반영된다. ETF는 종류가 매우 다양하다. 그래서 여러 가지 투자 전략을 동시에 짜거나 자산을 배분하는 데에 매우 유용하다. 산업별, 섹터별로도 투자할 수 있고, 대형주·중형주·소형주·가치주 또 금·원유·원자재와 같은 선물 상품에 투자하는 ETF 등 본인이 직접 선택할 수 있다.

인버스 ETF와 레버리지 ETF

인버스ETF나 레버리지ETF처럼 생소한 금융거래 기법이 적용된 상품은 주의해야 한다. 따라서 어느 정도 투자 경험이 쌓인 후에 도전할 것을 추천한다. 인버스Inverse는 말 그대로 지수와 반대 방향으로 수익률이 결정되는 방식이다. KODEX 200과 인버스ETF는 KOSPI 200 지수가 하락할 때 수익률이 높아진다. 마치 데칼코마니처럼 내가 투자한 지수가 하락하면 오히려 나의 수익이 오르는 것이다.

한편 레버리지 ETF는 조금 더 복잡하다. 금융에서 레버리지Leverage는 간단히 설명해 1% 수익률을 2%, 10%, 20% 등 몇 배 이상을 불리는 기법이다. 수익이 몇 배나 커지는 만큼 손실도 몇 배나 커질 수 있는 위험이 있다. 소위 말하는 '하이 리스크 하이 리턴' 투자 상품에 해

KOSPI 지수에 따른 누적수익률
1800 → 2000   **11.11%**
11.11% × 2 = **22.22%**

당한다. 반드시 알아야 할 점은 레버리지 ETF는 지수가 상승하더라도 손실을 입을 수 있다는 점이다. 이는 ETF 수익률이 누적이 아닌 일간으로 계산되기 때문이다.

예를 들어, KOSPI 지수가 1800에서 2000으로 상승했다면 누적수익률은 11.11%다. 일단 쉽게 이해하기 위해 시간 개념을 제외하고 단순히 계산했을 때의 수치다. 따라서 누적수익률을 적용한 레버리지 ETF의 수익률은 11.11%의 두 배인 22.22% 이상이 될 수 있다. 하지만 실제로는 이렇게 계산하지 않는다. 일간 계산은 말 그대로 하루 단위로 그날의 수익을 정산하는 개념이다.

오늘 하루 동안 1%가 올랐다면 레버리지 ETF의 하루 수익률은 2%가 된다. 다음날 또 1%가 올랐다면 그 수익의 두 배인 2%가 그날의 수익률이 된다. 10,000원에서 시작해서 3일 연속 상한가(30%)를 이어가면 약 2배 가격인 21,970원이 된다. 하지만 이후 똑같이 3일 연속 하한가(−30%)를 이어가면 다시 10,000으로 돌아오게 될까?

21,970원에서 시작한 가격은 3일 연속으로 하한가를 이어가면 원금에도 못 미치는 7,536원이 된다. 복리효과 때문에 발생하는 현상이다.

» **레버리지 ETF 수익률 계산 II**

| Day 1.
10,000원 × 1.3 = 13,000 | Day 1.
21,970원 × 0.7 = 15,379 |
|---|---|
| Day 2.
13,000 × 1.3 = 16,900 | Day 2.
15,379 × 0.7 = 10,765 |
| Day 3.
16,900 × 1.3 = 21,970원 | Day 3.
10,765 × 1.3 = 7,536원 |

아무리 지수가 상승하더라도 그날의 등락 폭에 따라 마이너스 수익률이 날 수 있다. 따라서 인버스 ETF와 레버리지 ETF는 단기투자 용도로만 활용하는 것이 바람직하다. 조만간 지수가 급등 또는 급락할 것 같다는 생각이 들 때 며칠 동안만 활용해야 한다.

투명하게 운용되는 ETF

일반 펀드는 고객이 자신의 투자 목적에 가장 부합하는 펀드를 선택해 가입할 수 있지만 그 운용에는 관여할 수 없다. 또 펀드의 자산 구성과 운용내역을 사후적으로만 볼 수 있으며 이를 통해 수익률과 더불어 투자자의 종합적인 판단 근거로 활용한다. 반면 ETF는 일반 펀드와는 달리 '납입자산구성내역 PDF, Portfolio Deposit File 공시'제도로 펀드의 포트폴리오를 매일 확인할 수 있어 어느 펀드보다도 투명하게 운

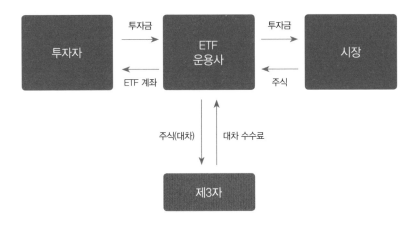

용된다.

ETF 운용사는 넘겨받은 주식을 제3자에게 대차해주고 수수료를 받는다. 그 수수료 중 일부는 투자자에게, 나머지는 증권사의 수익으로 가져간다. ETF가 21세기 가장 잘 만든 금융상품으로 불리는 이유는 이렇게 투자자와 증권사 모두 윈윈Win-Win 하는 구조에 있다.

ETF는 알고는 있어야 하는 금융상품이다. ETF에 대해 더 알고 싶거나 궁금한 점이 있으면 한국거래소 홈페이지 또는 각 운용사 홈페이지에 들어가 보자. 모든 투자의 책임은 투자자에게 있다. 열심히 공부할수록 좋은 결과가 나타나는 것은 투자 세계에서도 통용되는 진리다.

ETN과 ELW

한국거래소의 증권상품 시장은 다양한 증권상품을 주식처럼 거래할 수 있는 시장이다. 현재 거래되고 있는 증권상품에는 ETF, ETN, ELW가 있다. 자본시장법상 ETF는 집합투자증권으로, ETN와 ELW는 파생결합증권으로 분류된다.

① ETF(Exchange Traded Fund: 상장지수펀드증권)

KOSPI200 같은 특정 지수 및 특정 자산의 가격 움직임과 수익률이 연동되도록 설계된 펀드로, 거래소에 상장되어 주식처럼 거래되는 펀드를 말한다. 소액으로 분산투자가 가능하고, 개별 주식처럼 실시간 매매가 가능할 뿐 아니라 저렴한 운용보수를 자랑하는 투자상품이다.

② ETN(Exchange Traded Note: 상장지수증권)

증권사가 만기에 기초지수 수익률에 연동하는 수익의 지급을 약속하고 발행하는 파생결합증권으로, 주식처럼 거래소에 상장되어 거래되는 증권이다. ETN은 ETF에 비해 발행 절차가 간소하고 자산 운용에 특별한 제한이 없어 다양하고 독창적인 투자 전략을 상품화할 수 있으며, ETF와 마찬가지로 분산투자, 매매 편의성, 비용 면에서 장점을 갖고 있다.

③ ELW(Equity Linked Warrant: 주식워런트증권)

ELW는 주식 및 주가지수 등의 기초자산을 미리 정한 가격으로 사거나 팔 수 있는 권리를 나타내는 증권이다. ELW는 레버리지 효과를 이용해 다양한 투자 전략을 세울 수 있다. 증거금을 예탁할 필요가 없고 소액으로 매매할 수 있다는 것이 특징이다.

팩트체크

☑ **요즘 대세 ETF, 알고는 있어야 한다.**

ETF는 소액으로 분산투자가 가능하고, 주식처럼 실시간 매매가 가능한, 투명하게 운용되는 투자상품이다.

ELS와 DLS 투자의 핵심과 함정

ELS는 아마 사회초년생들에게 익숙한 금융상품일 것이다. 예금과 적금이 만기되어 은행에 가면 직원에게 가입 권유를 받는 상품이기 때문이다. 위험 요소는 있지만 예적금보다 더 높은 수익률을 보장한다는 이야기를 듣고 덜컥 가입해버린다. 가입한 후에도 ELS가 무엇인지는 잘 알지 못한다.

ELS

ELS(Equity Linked Securities)는 옵션을 설정하고 만기일까지 해당 조건을 충족하면 정해진 수익률을 제공하는 상품이다. 일주일 사이에도 수많은 ELS 상품이 쏟아지고 있다. DLS와 함께 중위험·중수익 투자처로 각광받고 있다. ELS는 개별 주식의 가격이나 주가지수에 연계돼 투자수익이 결정되는 유가증권이다. 자산을 우량채권에 투자해 원금을 보존하고, 일부를 주가지수 옵션 등 금융파생상품에 투자해 고수익을 노리는 금융상품이다.

ELS는 원금보장형, 원금부분보장형, 원금조건부보장형으로 나뉜다. 원금 손실이 날 가능성이 있어 채권보다는 위험하고, 주식보다는 안전하다고 할 수 있다. 종류도 매우 다양해 ELS에 대해서만 설명한 책이 나올 정도다. 기본적인 개념을 짚고 넘어가도록 하자.

KOSPI지수를 기초자산으로 하는 연 8% 수익률, 2년 만기 ELS가 있다고 하자. 기초자산은 내가 투자한 상품, 즉 ELS의 수익률을 결정하는 지표라고 보면 된다. ELS는 6개월, 12개월, 18개월, 24개월이 되는 시점마다 평가를 받는다. 각 기간마다 수익률이 기준 가격의 90~60% 이상이면 미리 약속한 수익을 배분한다.

만약 KOSPI 지수가 가입 시점(평가일)에 2,000이고, 투자 6개월 차에 지수가 2,000의 90% 이상, 즉 1,800 이상이면 약속한 8%의 수익을 보장해주는 구조다. 2년 만기일의 기준이 60%라고 하면 만기 시점에 주가지수가 1,200이 넘어있으면 투자원금 대비 16%의 수익을 내는 것이다. 하지만 2년 동안 단 한 번이라도 KOSPI 지수가 기준 가격의 60%인 1,200 아래로 떨어지게 되면 손실이 발생한다. 이를 녹인 Knock-in 구간에 진입했다고 말한다. 보통 유로스탁50이나 S&P500 등 3~4가지의 주가지수를 기초자산으로 삼는다.

ELS는 그럼 언제 투자하는 게 적절할까? 보통 지수 혹은 개별 주식의 가격이 하락할 때 ELS 투자가 느는데, 이는 가격이 더 하락할 가능성이 낮아졌다고 판단하기 때문이다. ELS는 보통 투자금의 95% 정도를 채권에 투자해 이익을 얻는다. 그리고 나머지 5% 금액이 옵션에 투자가 된다.

평가일의 기준 가격 대비 지수는 상품마다 조금씩 다른데, 6개월 차에 95%, 12개월 차에 80% 식으로 만기일에 다다를수록 평가 기준도 낮아진다. 만약 최초 평가일인 6개월 차 기준이 95%라면, 6개월 후 기초자산의 가격이 진입 시점보다 95% 이상 떨어지지 않으면 조기 상환된다. 조기 상환 조건이 충족되지 못하면 다시 6개월 후 주가를 최초 기준가와 비교한다. 6개월마다 조기 상환 기회가 찾아오는데 보통 최초 기준 가격의 95%(6개월 또는 1년), 90%(1년 6개월, 2년), 85%(2년 6개월, 3년) 비율로 설정된다.

대부분 ELS는 만기 시 기초자산의 주가가 정해진 바닥선(55~60% 수준) 아래로 한 번이라도 떨어지면 40% 이상의 손실이 발생한다. ELS는 금융회사와 벌이는 게임이다. 룰을 정해놓고 주가지수나 개별 주가의 변동성을 확인하면서 베팅을 하는 것이다. 그래서 이기면 정해진 수익을 얻고, 지면 손해를 본다. 궁극적으로 금융회사는 ELS 상품을 판매해 수익을 얻고 있다. 투자자와 금융회사의 수익과 손실을 모두 합하면, 손해를 보는 쪽은 투자자라는 이야기다. 금융회사는 ELS를 만들고 이를 판매하면서 수수료로 수익을 챙긴다.

주식이 위험한 이유는 변동성 때문이다. 주가가 얼마나 크게 변동하느냐가 그 주식이 위험한지 아닌지를 판단하는 기준이 된다. ELS에 투자하기 앞서 주가지수나 기업의 주가의 과거 변동률 추이를 확인하는 작업이 함께 이루어져야 한다. 그래야만 내가 투자하는 ELS가 얼마나 위험한지 감을 잡을 수가 있다. 그러고 나서 시장상황, 개별 기업의 이슈 등을 알아보고, 투자 여부를 결정하는 것이다. 특히 여러 가지 기초자산을 활용하는 경우 각 기초자산의 경기 동향을 면밀히 따져봐야 한다.

ELS는 폭탄돌리기와 비슷하다. 내 차례에서만 터지지 않으면 된다. 내가 가입한 ELS가 연계지수 만기 때 또는 조기상환 조건에 부합해 확정된 5~6% 정도의 이자를 받으면 다행이다. 하지만 하필 내 차례에서 지수 폭락을 겪는 일도 발생할 수 있다. ELS 투자손실을 줄이기 위해서는 한 상품에 올인하는 것보다는 투자금의 50~70%를 안전자산 또는 채권형펀드에 다양하게 투자하는 것이 좋다. 또 나머지 자금을 유가, 금 등 파생상품이나 미국과 유럽의 ETF에 투자해 ELS나 DLS의 구조적인 한계를 극복하는 것이 낫다.

2017년 국내외 증시 호황으로 ELS나 ELS 등 파생결합증권 발행액과 상환액이 역대 최고치를 기록했다. 2018년 4월 9일 금융감독원 발표에 따르면 2017년 증권사의 파생결합증권 발행액은 111조 6,000억 원, 상환액은 122조 9,000억 원을 기록했다. 이 중 ELS 발행은 전년 대비 64.5% 증가했다. 과연 2018년, 그리고 앞으로 ELS는 투자상품으로서 어떤 가치를 지니게 될까? 결국 선택은 투자자 몫이다. 다른 모든 투자상품과 마찬가지로 ELS를 통해 수익을 얻고자 한다면 국내외 팩트체크와 예측을 통해 리스크를 최소화하는 노력이 필요하다.

DLS

DLS(Derivatives Linked Securities)는 주가나 주가지수에 연계되어 수익률이 결정되는 ELS를 보다 확장해 주가 및 주가지수는 물론 이자율, 통화, 실물자산 등을 기초자산으로 하는 금융상품이다. 합리적으로 가격이 매겨질 수 있다면 무엇이든 DLS의 기초자산이 될 수 있기 때문에 상품 개발 범위가 무궁무진하다.

대표적인 기초자산으로는 환율, 일반 상품(원유, 농축산물, 광물 등), 신용 위험(특정 회사의 파산 또는 채무 재조정 등) 등이 이에 해당한다. 또한 적정한 방식으로 가격이나 이자율 등을 산정할 수 있다면 기후 같은 자연환경 변화도 기초자산이 될 수 있다.

DLS는 ELS보다 더 다양한 기초자산으로 상품 설계가 가능하다. 또 펀드매니저의 운용성과로 수익률이 결정되지 않고, 사전에 정해진 방식에 의해 수익률이 결정되는 특징을 가지고 있다.

팩트체크

☑ **은행에서 직원의 권유로 덜컥 가입해버린 ELS 상품, 무엇인지 제대로 알자.**

ELS는 만기까지 정해놓은 기초자산이 일정 조건을 충족하면 정해진 수익률을 제공받는 상품으로, 기초자산이 크게 떨어지지만 않으면 원금과 적당한 수익을 보장받는 상품이다.

도대체 비트코인이 뭐길래?

가상화폐 비트코인이 세상에 알려진 뒤 수년이 지났지만 비트코인은 지난 2017년 하반기부터 2018년 1월까지, 대한민국에서 여전히 가장 뜨거운 주제였다. 남녀노소 할 것 없이 비트코인에 빠졌고, 비트코인 열풍을 넘어 광풍으로 표현되기도 했다. 열기는 조금 식었지만 가상화폐 투자는 여전히 현재진행형이다. 블록체인과 4차 산업혁명 시대가 도래하면서 전통적인 금융 투자상품과 다른 새로운 투자처 또한 생겨나고 있다.

이번 장에서는 비트코인의 기본 개념을 살펴보고, 다음 장에서 고수익 투자처로 각광받고 있는 또 다른 투자, P2P 투자에 대해서 파헤쳐 보도록 하겠다.

가상화폐 비트코인의 탄생

시작은 2008년이다. 10월 31일 저녁, 암호화 기술 커뮤니티 메인 Gmane에 〈비트코인: P2P 전자 화폐 시스템〉 논문이 올라왔다. 이 논문은 '전적으로 거래 당사자 사이에서만 오가는 전자화폐'에 대해 소개하고 'P2P 네트워크를 이용해 이중 지불을 막겠다'고 이야기했다. 나카모토 사토시라는 이름으로 작성된 이 논문이 공개되고 두 달 뒤인 2009년 1월, 논문의 내용이 실현된 가상화폐, 세계를 뒤흔든 '비트코인'이 탄생했다.

비트코인은 디지털 단위인 '비트Bit'와 '동전Coin'을 합친 용어로, 블록체인 기술로 암호화된 디지털 화폐를 말한다. 프로그래머가 제시한 수학 문제를 풀면 일정량의 코인이 생산되는데, 채굴이라 불리는 이 과정은 비트코인이 발행되면 발행될수록 점점 더 어려워진다. 이 때문에 성능이 좋은 컴퓨터 여러 대로 채굴장을 운영하며 비트코인을 직접 채굴하는 사람들도 등장했다.

비트코인은 5년 만에 시가총액이 세계 100대 화폐 수준이 될 정도로 성장했다. 비트코인의 인기에 이더리움, 리플, 라이트코인 등 또 다른 가상화폐가 추가로 탄생했고, 현재 전 세계적으로 약 700여 종의 가상화폐가 존재하게 됐다.

비트코인 과열 논란, 그 이유은?

2013년 4월, 1비트코인이 100달러를 넘어서며 비트코인 과열 논란이 일었다. 그로부터 약 4년이 지난 2018년 1월, 1비트코인은 무려 2,000만 원에 거래되며 200배 넘게 올랐다. 불과 4년도 안 되는 기간 동안 200배가 폭등한 것이다. 이유가 무엇일까?

첫째, 한정된 채굴량 때문이다. 비트코인 개발자 나카모토 사토시는 총 2,100만 비트코인만 채굴할 수 있게 설정했다. 채굴 가능한 비트코인은 점점 줄어들고 있고, 현재는 소수점 자리까지 '비트'로 쪼개져 거래되고 있다.

둘째, 대체투자 수단으로 각광 받았기 때문이다. 국내에 본격적으로 가상화폐 붐이 일어난 것은 2017년 하반기지만, 전 세계적으로는 2016년부터 비트코인이 관심받기 시작했다. 중국에서는 부동산시장 통제가 강화되고, 의도적인 위안화 절하로 화폐 가치가 떨어지면서 비트코인에 대한 수요가 증가했다. 인도에서도 정부가 화폐개혁을 진행하며 규제에 몰린 투자자들이 비트코인을 선택했다. 이처럼 여러 국가의 자본 통제로 인해 비트코인을 대체투자 수단으로 선택하는 사람이 늘었고, 비트코인 열풍이 시작됐다.

셋째, 검은 돈이었기 때문이다. 비트코인의 특징은 정부기관을 거치지 않고 개인끼리 직접 거래한다는 점이다. 각종 마약 및 범죄에 연관된 돈을 주고받고 보관하기에 최적인 검은 돈이었던 것이다. 실제로 미국 온라인 마약 거래사이트를 폐쇄 조치하며 다량의 비트코인을 압수한 사례가 있다.

가라앉은 가상화폐 열풍, 제2의 튤립버블?

연일 최고가를 경신하던 시점, 전문가들은 비트코인을 두고 17세기 네덜란드 튤립 버블을 연상시킨다며 경고한 바 있다. 비트코인 열풍이 불던 2017년 11월 알리바바의 CEO, 마윈은 '비트코인은 거품'이라고 말했다. 실제로 2018년 1월 초 2,000만 원에 육박하던 비트코인은 근 한 달 만인 2월 6일, 725만 원으로 급락했다. 한 달 사이에 64%가량 떨어진 것이다. 이후 비트코인 당 1,000만 원 수준으로 회복되기도 했으나 전문가들의 의견은 분분하다. 제 가격대를 찾아가는 과정이라는 의견, 아직도 거품라는 의견, 여전히 투자 가치는 충분하다는 의견 등 다양하다.

가상화폐는 블록체인이라는 암호화 기술을 활용하여 만든 하나의 화폐다. 블록체인은 중앙서버에서 거래 정보를 관리하는 것이 아니라 다수의 이용자가 서로의 거래내역을 저장하고 관리한다는 것이 특징이다. 중앙에 정보가 집중되어 있으면 해커의 공격을 받을 위험이 크지만, 블록체인에서는 내부 참여자 모두를 공격해야 하기 때문에 위험도가 줄어든다. 예를 들어 A가 B에게 송금을 하면 중앙의 은행이 이를 중개해주고 거래의 사실을 기록으로 남기는데, 블록체인은 이들이 거래할 수 있도록 네트워크는 제공해주지만 거래의 증거를 여러 명에게 공유해 저장한다. 암호화된 데이터를 거래에 참여한 모든 이가 갖고 있는 셈이다.

비트코인 열풍이 가라앉는 조짐을 보이자 그동안 비트코인 때문에 가려졌던 차세대 신기술이나 블록체인 관련 기업 투자에 대한 관심도 증가하고 있다. 어쨌든 비트코인 열풍이 분 이유, 블록체인이 왜 그렇게 계속해서 화제가 되는지는 알아두는 것이 좋다.

팩트체크

☑ **가상화폐, 이슈를 체크하면 경제를 읽는 눈, 현명한 재테크를 해내는 감도 생긴다.**

비트코인 열풍 이후 블록체인, 관련 기업에 대한 관심 또한 계속 증가하고 있다. 관련 이슈를 체크해 이 주제와 친해지도록 하자.

저금리시대,
안전하게 하는 P2P 투자

뉴스나 은행에서 핀테크라는 말을 들어본 적이 있을 것이다. 핀테크 FinTech는 파이낸스 Finance와 테크놀로지 Technology를 합친 말인데, 최근 들어 이 핀테크를 활용한 상품이 주목받고 있다. 그 중에서도 P2P Peer to Peer는 초보자도 쉽게 도전할 수 있는 상품이다. 일반 은행과 고금리 대부업체들이 외면한 중금리대출 시장을 개척하겠다는 것이 P2P업체의 포부인데, 과연 P2P 투자가 무엇일까?

P2P는 쉽게 말해 대출상품이다. 보통 돈이 필요한 일이 생기면 은행 같은 금융기관에서 돈을 빌린다. 은행이 사람들이 저축한 돈을 다른 사람들에게 빌려주는 중개소 역할을 하는 것이다. P2P는 중개기관

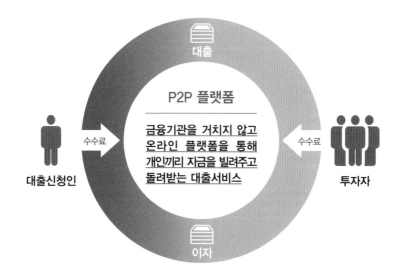

없이 플랫폼만을 거쳐 투자자와 돈이 필요한 사람을 직접 연결시켜주는 방식을 이용한다. 수익이 발생하면 투자자에게도 배분된다.

예를 들어 A가 빌라를 지어 임대업을 하고 싶어, 건물을 지을 돈 위해 10억 원이 필요하다고 하자. A는 P2P업체에 필요한 금액과 이용목적 등을 전달한다. 그러면 P2P업체는 투자에 참여할 사람을 모집한다. 투자수입은 얼마나 얻을 수 있는지, 경품은 무엇을 주는지 등을 공시하는데 투자자들은 이를 보고 투자에 참여한다.

최근 유행하는 크라우드 펀딩이라고 생각하면 되는데 투자자들에게 필요한 자금을 받는 건 동일하고, 상품 대신 수익을 돌려준다고 생각하면 쉽다. 아마 가장 익숙한 P2P 투자 성공 사례는 무려 30%의 수익률을 달성한 '너의 이름은'이란 영화 투자 사례다. 10~30%의 고수익을

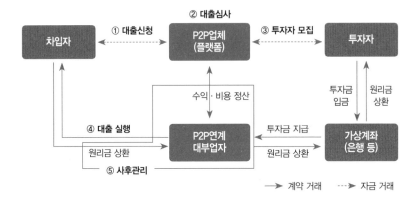

| 차입자 | ① 대출신청 | P2P업체
(플랫폼) | ② 대출심사
③ 투자자 모집 | 투자자 |

→ 계약 거래   ┈┈▶ 자금 거래

얻을 수 있는데, 펀딩 형식이기 때문에 투자금액은 10만 원이라는 소액
부터 할 수 있다는 점 또한 초보 투자자들이 도전하기 좋은 이유다.

　일단 투자자들이 모이면 P2P업체의 자회사 격인 P2P연계대부업자
가 가상계좌(에스크로)를 만들어 투자금을 입금하게 한다. 투자금이
차입자에게 전달되면서 대출이 진행되고, 향후 연계대부업자는 수수
료 등을 정산한 뒤 상환 원리금을 투자자에게 지급한다.

　일반적으로 '고수익=고위험'이라는 인식 때문에 P2P 투자를 위험
하다고 생각하기 쉽지만, 이미 국내 P2P 시장 규모가 2조를 넘어섰다.
P2P 금융업체도 꾸준히 증가하고 있다. '투자'와 '안전'이라는 단어를
같이 사용하는 것에 반신반의하는 이들이 있을 것이다.

　P2P도 물론 리스크가 있다. 그러나 리스크를 최소화하기 위한 규제
과정을 거치며 안정기에 접어들고 있다. 금융위원회 및 금융감독원에
서도 어설픈 P2P업체를 선별하고 대중들이 안전하게 투자할 수 있는

방안을 마련하고 있다.

많은 사람들이 P2P업체의 문을 두드리고 있다. 하지만 금융투자와 다른 개념과 방식 때문에 P2P 투자를 결심했다가도, 발길을 돌리는 사람들이 적지 않다. 그렇다면 과연 P2P 투자는 어떤 점을 유의해야 성공할 수 있을까?

P2P 투자, 안정성이 최우선

P2P투자는 은행을 거치지 않기 때문에 제1금융권 투자에 비해 상대적으로 높은 수익을 낼 수 있다. 이를 아는 많은 투자자들이 저금리시대에 더 높은 수익을 기대하며 P2P 투자에 눈을 돌리고 있지만, 모든 P2P 상품이 항상 높은 수익을 안겨주는 것은 아니다. P2P 투자상품은 원금과 이자를 보장하지 않기 때문이다.

따라서 P2P 투자 시 가장 먼저 확인해야 하는 것은 바로 P2P 투자 업체와 상품의 '안정성'을 체크하는 것이다. 아무리 수익률이 높아도 투자금을 정상적으로 상환받지 못할 위험이 존재한다면 투자할 가치가 있을까? 안정성은 어떻게 체크해야 할까?

첫째, 전문가에 의해 철저하게 분석된 상품을 골라야 한다. 또 P2P 금융상품은 상품마다 특성과 위험도가 다르기 때문에 투자에 앞서 직접 상품을 분석하려는 자세를 가져야 한다. 특히 부동산 PF상품은 담보물의 가치 평가와 해당 입지의 수익성 여부를 판단하는 것이 투자의 핵심이다. 부동산 PF상품이란 빌라 등의 건축자금을 미리 대출해주는 계약에 투자하는 상품이다. 정상적으로 건축이 되고 분양이 돼야만 담보가 생성된다.

따라서 부동산 경기가 좋지 않을 때 담보물의 예상가치도 하락할 가능성이 높다. 투자자가 직접 현장을 방문하여 물건을 확인하는 것이 좋지만 어렵다면 해당 투자 물건을 전문가가 얼마나 꼼꼼하게 체크했는지, 얼마나 공정하게 가치 평가를 했는지 상품설명서를 읽어보며 체크하는 것이 도움이 된다. 해당 담보물의 시세를 어떻게 산정하였는지 실제 전문가의 자료를 기반으로 살펴봐야 하며, 의심스러운 부분이 있다면 직접 P2P 업체를 통해 정보를 얻어야 한다.

둘째, 투자자 보호장치는 담보 하나로는 부족하다. 아무리 꼼꼼하게 분석한 상품일지라도, 투자상품마다 고유한 리스크가 존재하며, 담보로 설정한 물건에 문제가 생길 경우 투자자의 원금과 이자 상환 연체 가능성이 생기기 때문이다.

그래서 상품설명서를 읽으며 상환재원이 어떻게 마련되는지 꼼꼼하게 체크할 필요가 있다. 주상환재원에 문제가 생겼을 때를 대비한 보조상환재원은 존재하는지, 이중, 삼중으로 담보물을 설정하진 않았는지 구체적으로 살피며 투자상품의 위험성을 점검해야 한다. 특히 상품설명서를 살필 때 수익률보다 상환 타임라인에 관심을 두고 예상 가능한 리스크를 어떻게 해소하는지 체크하는 것이 중요하다.

셋째, 전문인력의 수준이 투자상품의 수준을 좌우한다. 우량한 펀드가 존재하기 이전에 우수한 펀드매니저가 있듯이 P2P 역시 마찬가지다. P2P업체가 해당 분야에서 전문성이 뛰어난 인력을 갖추고 있는지, 그리고 전문인력의 규모가 얼마나 되는지를 반드시 확인해야 한다. 특히 부동산 투자상품은 전문인력의 규모가 무엇보다 중요하다. 전문가가 지닌 인적 네트워크가 좋은 투자상품을 만드는 요인으로 작용하기도 한다.

전문가로 이루어진 집단이 상품의 리스크를 다방면으로 분석할 수 있고, 내부 투자 심사와 심의도 더욱 촘촘하게 구성한다. 기술력과 내부 인력에 대한 정보를 해당 업체의 홈페이지에 공개하였는지 꼭 살피자. 또, 언론의 보도 자료를 읽어보며 업체의 전문 인력의 규모를 가늠하는 것도 좋은 방법이다.

넷째, 타 기관의 투자 유무를 살피자. 어떤 기관으로부터 투자를 받았고, 투자 유치의 핵심요인이 무엇인지 살펴보면 업체의 기술력과 신뢰도를 판단할 수 있다. P2P 업체의 중요한 투자 고객은 바로 금융권이다. 제1금융권을 비롯한 유수의 금융기업들이 인정한 업체라면, P2P업체 사이에서 그 우수성을 인정받았다고 볼 수 있다. 금융권의 기관투자자들은 투자 시 업체의 성장 가능성, 재무건전성, 투자금의 운영 목적 등의 요소를 보다 꼼꼼하게 체크하기로 유명하다.

투자를 하기 전에 해당 P2P 업체가 신뢰할만한 업체인지를 확인하기 위해 외부 기관의 투자 유무를 살펴보고, 투자기관은 어느 곳인지도 체크해보면 더욱 안전한 투자를 할 수 있을 것이다.

마지막으로 확인할 것은 바로 '한국 P2P 금융협회 등록 유무'다. 한국 P2P 금융협회는 P2P 업체들의 건전한 영업을 위해 설립된 단체로 회원가입 심사, 업무방법서 마련, 회원사 제명 등 자율규제시스템을 마련해 운영, 관리하고 있다.

비회원사 투자 업체는 자율규제를 받지 않아 불투명하게 운영될 소지가 있으며, 규모가 영세한 업체는 투자자들의 유일한 창구인 홈페이지가 갑자기 폐쇄되는 경우가 있다. 따라서 협회에 등록이 되었는지를 체크해야 투자 리스크를 줄일 수 있다. 투자하기 전, 해당 업체가 협회에 등록되었는지 먼저 확인 후 신뢰성을 점검해 안전하게 투자하도록 하자.

저금리시대, 도전해볼 만한 투자처

P2P 투자의 장점은 높은 수익률, 연 수익률이 10% 이상인 상품들이 업체별로 즐비하다는 점이다. 안정성 있는 상품을 고르려는 본인이 노력만 받쳐준다면 은행보다 훨씬 매력적인 투자처라고 할 수 있다.

물론 원금이 보장되지 않으며 채무자가 어떠한 사정이 생겨 채무 불이행 시에는 이자와 원금까지 잃을 수 있다. 많은 업체들이 담보, 보험 등을 바탕으로 리스크를 최소화하기 위해 노력하고 있다. 하지만 채무자에게 문제가 생기면 연체는 불가피하다. 이는 투자금이 예상보다 길게 묶일 수 있다는 의미이다. 은행의 예적금은 만기 전에도 해지할 수 있지만 P2P 투자는 그렇지 않다. 이 때문에 반드시 이 투자는 여유 자금으로만 활용해야 한다.

저금리시대에 예적금만 한다는 것은 확실한 손해다. 그러나 높은 수익률 앞엔 늘 높은 리스크가 존재한다. 현재의 P2P 시장은 옥석을 잘 가려야 하는 시점에 와 있다. 과거와 달리 높은 이율 상품만 보고 투자하기엔 따질 것이 많아졌다는 얘기다. 그러나 저금리시대에 보다 높은 수익을 기대한다면, P2P는 충분히 도전해볼 만한 투자처다.

팩트체크

☑ **안정성을 잘 체크하면 P2P 투자도 해 볼만 하다.**

높은 수익률이 장점인 P2P 투자, 위험하기만 한 것은 아니다. 전문가에 의해 꼼꼼하게 분석된 상품, 신뢰할 수 있는 상품을 찾아보자.

| 팩트 5 |

위험요소와 노후대책

모르면 뒤통수 맞는
보험 계약 체크리스트

건물을 지을 때 가장 중요한 부분이 어디일까? 멋진 외형과 내부 인테리어일까? 아니면 배관과 전기설비 등의 것일까? 건축일을 오랫동안 하고 있는 지인들에게 이 같은 질문을 던진 적이 있다. 건축도 분야가 많이 나누어져 있어 다양한 답변이 나왔고 서로 자기가 제일 중요한 일을 한다며 꽤나 오랜 논쟁이 이어졌다.

그리고 결국 모두를 입 다물게 한 승자가 나왔다. 그는 바로 건물의 토목 부분, 즉 건물의 기반을 설계하는 친구였다. 다른 주장에 "그래서 무너지면?"이라고 응수해 논쟁이 끝나게 했다. 그렇다. 아무리 멋진 건축물도 그 기반이 제대로 되어있지 않으면 그저 멋진 모래성에 불과할 뿐이다.

우리의 자산도 건물을 짓는 것과 매우 비슷하다. 멋지고 높게 건물을 올리는 것은 적금이나 펀드, 연금 같은 금융상품을 이용해 돈을 모으는 것이고, 그런 건물을 잘 받치기 위해 기반을 튼튼히 하는 방법은 바로 '보장성보험'에 가입하는 것이다. 건물의 크기가 커지면 그 기반도 더 크고 견고하게 지어야 하듯, 내 자산의 규모에 따라 보장성보험의 크기도 달라진다. 고층건물을 가지고 있다면 기반도 그 건물을 지탱할 만한 수준이 되어야 하는 것이다.

사회초년생의 보장성보험 가입 필요성

간혹 저축은 엄청나게 많은 금액을 하면서 의료실비보험 조차 가입하지 않은 사람들이 있다. 대부분 '나는 건강하니까', '병원에 가본 적이 없으니까', '아직 난 젊으니까' 라고 말하며 그 필요성을 느끼지 못한다. 하지만 보장성보험은 감기와 같은 잔병치레가 아닌 질병이나 사고로 예상치 못한 큰돈이 지출될 만약의 상황을 대비하는 목적이 크다.

뼈 빠지도록 일해서 드디어 집 살 돈을 모았는데 몸이 피곤해서 병원에 가보니 의사가 "암입니다. 치료 비용으로 총 1억 원 정도는 들겠군요."라는 말을 한다면? 혹은 다행히 암은 아니었지만, 모아둔 돈과 대출금을 보태 집을 마련했는데 퇴근길에 크게 사고가 나서 일을 쉬고 대출금은 계속 갚아야하는 상황이라면?

7급 공무원인 친구가 해준 이야기가 있다. 그의 후임으로 훤칠한 청년이 들어왔다며, 스무 살부터 독립해 혼자 힘으로 대학을 졸업하고 열심히 공무원시험을 준비해 합격한 아주 부지런하고 노력하는 사람이라며 입에 침이 마르도록 칭찬했다. 하지만 얼마 지나지 않아 그 후임이 그만두었다고 아쉬워했고, 그 이유는 다름 아닌 '암'의 발병 때문이라고 했다.

재무상담 후 보장성보험 가입을 고민하던 한 간호사 고객이 있었다. 이직 여부 때문에 몇 달 뒤에 가입을 하는 게 좋겠다던 그녀는 얼마 지나지 않아 보험을 가입해야겠다며 연락이 왔다. 같은 병원에서 일하는 동기가 새벽 출근길에 교통사고를 당해 다리를 수술하고 입원을 하게 되었다는 이야기를 했다.

이런 일은 주변에서 생각보다 많이 발생하고 있다. 위의 두 사람은 모두 20대 후반의 사회초년생이었다.

힘들게 모아둔 피 같은 돈을 그대로 지출해야 하는, 혹은 모아둔 것도 없이 지출만 해야 하는 끔찍한 상황이 나에게도 충분히 일어날 수 있다는 생각을 가져야 한다. 공들여 지은 건물이 와르르 무너지는 불행은 아무런 예고 없이 찾아온다.

보험 가입 시 주의사항

이미 보험을 가입했다고 해서 안심하면 안 된다. 본인도 모르게 부실공사를 한 경우가 많기 때문이다. 보통 적금이나 펀드 같이 돈을 모으고 불리는 금융상품은 꼼꼼히 비교해보고 가입하지만, 보장성보험은 그냥 추천받는 대로 가입하는 경우가 많기 때문이다. 보장성 보험은 다른 저축상품과는 달리 짧게는 10년, 길게는 50~60살이 될 때까지 납부하게 된다. 돈으로 따지면 수천만 원의 금액이다. 그렇기 때문에 무조건 돈을 많이 낸다고 좋은 것이 아니라 얼마나 제대로, 올바르게 가입했는지 따져봐야 한다.

집을 알아볼 때, 옷 한 벌을 살 때도 하나하나 꼼꼼히 따져서 결정하듯이 보험을 가입할 때도 확인하고 주의해야 할 사항들이 몇 가지 있다.

첫째, 먼저 '보장 기간'을 확인해야 한다. 생각해보자. 내가 가입한 보험이 언제까지 보장을 해주면 좋을까? 가장 좋은 것은 내가 죽을 때까지, 즉 종신 보장해주는 것이나 혹은 100세 만기인 상품을 고르는 것이 좋다. 옛날에는 60세 만기나 80세 만기 상품도 많았다. 보장기간은 길면 길수록 좋다.

둘째, '보장 범위'를 확인하는 것이다. 보장의 범위 역시 넓으면 넓을수록 좋다. 예를 들어 '대장점막내암'이라는 암은 얼마 전까지만 해도 일반암으로 분류해 보험금을 지급했다. 그러나 요즘에는 소액암으로 분류하여 보험금도 소액만 지급하는 보험회사가 많아졌다. 대장점막내암은 발병률도 꽤 높다. 일반암으로 보장받는 것이 유리하다.

셋째, '보장 크기'다. 보장 크기는 크면 클수록 좋겠지만 그만큼 부담해야 하는 보험료도 늘어난다. 예를 들어 암 진단금 5천만 원을 보장받기 위해 5만 원을 낸다면, 1억 원을 보장받기 위해서는 10만 원을 내야 하는 것이다. 그렇기 때문에 보장 크기는 무작정 큰 것보다는 현재 내 급여 수준에 적정한 금액을 내는 것으로 가입하는 것이 좋다. 보통 월 급여액의 8~10% 정도가 가장 적당하다.

마지막으로 주의할 것은 '납입 기간'이다. 납입 기간은 카드 할부와 비슷하다. 할부를 하면 매달 납부하는 금액은 적어지지만 총 납부 금액이 늘어난다. 보험료도 마찬가지로 오랜 기간에 걸쳐 보험료를 납부하게 되면 매달 내는 금액은 적어지지만 총 보험료는 늘어난다. 보통 '20년 납입'이 가장 적당하며, 직업의 안정성 및 급여 수준에 따라 납입 기간을 조정하면 된다.

가령 공무원 같이 비교적 안정적인 직장을 다니는 사람은 '55세 납입' 또는 정년까지 길게 납부해 매달 납입하는 금액을 낮춰 부담을 줄이는 것도 좋은 방법이다. 반면에 운동선수 같이 단기간에 돈을 많이 벌지만 다치기 쉽고 비교적 안정적이지 못한 직업을 갖고 있다면 최대한 짧은 기간에 납입을 종료하고, 평생 보장받을 수 있도록 하는 것이 유리하다.

사회초년생에게 어울리지 않는 보험

세상에 나쁜 보험은 없지만 나에게 맞지 않는 보험은 있을 수 있다. 다음 두 가지는 사회초년생에게는 적절하지 않을 수 있는 보험이다.

첫째, '갱신형보험'이다. 갱신형보험은 말 그대로 보험료가 일정한 주기마다 갱신되어 새로 금액이 책정되는 것을 말한다. 두 번째는 'CI 보험'이다. CI보험은 암, 급성심근경색, 뇌출혈(혹은 뇌졸중) 진단에 있어 약관에 '중대한'이라는 글자가 포함되어 그 지급조건이 까다로운 보험을 말한다. 의사의 진단뿐 아니라 약관에 나와 있는 몇 가지 추가 조건을 전부 충족해야 보험금을 지급하기 때문에 보험금을 받기 굉장히 까다로울 수 있다. 물론 조건을 충족해 중대한 병에 걸리면 큰 보험금을 지급받을 수 있지만, 그 조건을 충족하기가 여간 까다로운 것이 아니다. 암이나 심근경색 등 큰 질병에 걸리는 경우, 병마와 힘들게 싸워 이겨내야하는 당사자는 물론 주변 가족들까지도 매우 힘든 시간을 보내야만 한다. 이런 때에 보험마저 애를 쓰게 한다면 큰일이다.

언제 가입하는 것이 좋을까?

첫 월급을 받았을 때 바로 가입하자. 보장성보험은 최대한 빨리 가입하는 것이 좋다. 그 이유는 어릴수록 보험료가 저렴하기 때문이다.

보험은 확률 싸움이기 때문에 다치거나 아플 확률이 높을수록 납입해야 하는 액수가 커진다. 나이가 많으면 가입할 때 보험료가 비싸고, 반대로 한 살이라도 어릴 때 가입하면 저렴한 가격을 내고 보험을 준비할 수 있다. 물론 지금은 젊고 멀쩡하니 보험에 내는 돈이 아깝다는 생각이 들 수도 있다. 그러나 나이가 들면서 몸이 예전 같지 않다고 느끼는 때가 온다. 점점 보험의 필요성을 절실히 느끼게 되고, 결국 보험을 가입해야겠다고 느끼는 시점에는 비싼 보험료를 내야 한다.

또 보험은 건강한 사람에게는 관대하지만 아픈 사람에게는 매우 엄격하다. 보험 가입 전에 아팠던 이력이 있다면 보험회사는 그 이력을 짚어 가입 불가 판단을 내릴 수 있다.

어차피 보험료를 납부할 때 중요한 것은 '횟수'다. 지금 가입하나 10년 후에 가입하나 240회의 보험료는 내야하는 것은 똑같은데 동일한 보장임에도 불구하고 수천만 원을 더 납부해야 한다. 그렇기 때문에 한 살이라도 어릴 때, 그리고 아직 아프지 않을 때 가입을 해야 손해 보는 일이 없다. 1%라도 더 주는 적금 상품을 찾아다니는 것보다 한 살이라도 어릴 때 보험에 가입하는 것이 훨씬 성공적인 재테크가 된다.

돈을 차곡차곡 모아서 내 자산을 키우는 것도 물론 중요하지만, 그보다 더 중요한 것은 어떤 상황이 닥치더라도 힘들게 모은 돈을 지킬 수 있는 방어막을 마련하는 것이다.

☑ **보장성보험도 펀드 같은 금융상품 만큼 꼼꼼히 따져보고 가입해야 한다.**

보장 기간과 금액, 범위, 납입 기간을 따져 최대한 빨리 가입하자. 돈을 크게 불리는 것만큼 큰돈을 잃지 않을 수단을 마련하는 것이 중요하다.

CHAPTER 2

학자금 대출에 대처하는 우리의 자세

    사회초년생에게 부담이 되는 가장 큰 장벽은 '대출'일 것이다. 아직 경제관념이 잘 잡히지 않은 대부분의 사회초년생들에게 대출은 그 단어 자체만으로도 엄청난 위압감을 준다. 무조건 피해야 할 것으로 인식되기도 한다.

    "대출은 무조건 안 좋은 것 아니에요?"라는 물음에 어떻게 답하겠는가? 만약 대출은 무조건 피해야 한다고 답했다면 이제부터는 그 인식을 바꾸기를 바란다. 대출에도 여러 종류가 있다. 손 대면 독이 되는 대출이 있는 반면, 잘만 활용하면 득이 되는 것도 있다. '대출=빚'이라는 공식이 맞기는 하지만 나에게 도움이 되는 착한 빚일 수도 있다. 우선 사회초년생이 가장 많이 접하는 학자금 대출의 활용법과 상환플랜을 알아보도록 하자.

학자금 대출 종류

생각보다 많은 사람들이 사회에 나오기 전부터 빚을 갖고 있다. 바로 학자금 대출 때문이다. 취업을 하고 열심히 일해서 돈을 번다는 기쁨도 잠시, 언제부턴가 학자금을 상환하라는 고지서가 날아오고, 급여일에 대출금이 빠져나가기 시작한다. 왠지 돈을 빼앗긴 느낌이 들어 기분이 상하지만, 그래도 어쩌겠는가? 대학생활에 전념하고 이렇게 취업할 수 있도록 보탬이 된 대출금을 이제 조금씩 갚아 나갈 시기가 온 것이다. 최대한 효율적으로 갚을 수 있는 방법을 찾아서 아쉬움을 달래는 것이 내가 할 수 있는 최선이다. 위로가 되는 점은 학자금 대출은 우리가 알고 있는 대출 중 가장 낮은 수준의 금리가 적용되기 때문에 이자 부담이 그다지 크지 않다는 것이다.

학자금 대출에는 '등록금 대출'과 '생활비 대출'이 있다. 등록금 대출은 대학에서 고지한 수납금액을 대출신청금액으로 확정해 대학 수납계좌로 지급되는 방식이다. 필요한 금액만을 대출받는 부분대출도 가능하다. 생활비 대출은 학기당 150만 원 한도 내에서 지급되며, 대출자의 계좌로 지급되는 방식이다. 등록금 대출과 생활비 대출 모두 최소 대출 금액이 10만원이고, 생활비대출은 5만원 단위로 신청이 가능하다. 상환하는 방법에 따라 '소득이 생기면 원천징수 되는 대출'과 '거치기간이 끝나고 원리금을 상환하는 대출'로 나눌 수 있다. 대출을 이용한 금융기관에 따라 조금은 다를 수 있지만 지금은 크게 중요하지 않다. 요점은 우리는 학자금 대출을 받는 것이 아니라 이미 받은 대출을 상환하는데 초점을 맞춰야 한다는 것이다. 내가 만나 본, 학자금 대출을 받았던 사람들은 본인이 등록금과 생활비 중 어떤 명목으로 대출을 받았는지는 잘 알고 있었지만, 상환할 때 소득 발생 시 원천징수 되는지 혹은 일정 기간이 지나 원리금을 상환하는지에 대해서는 잘 모르는 경우가 많았다. 처음부터 몰랐는지 아니면 중간에 잊었는지는 모르지만 언제부터인가 돈이 빠져나가는 것을 확인하고 그제서야 급하게 상환에 대한 문제를 인식했다. 다음은 나에게 찾아온 한 상담자의 이야기다.

군 전역 후 남은 대학생활 3년 동안 학자금 대출을 받아 생활했던 남성이었다. 소액의 이자만 부담하며 졸업 후에도 한동안 취업 준비를 하던 그에게 생각하고 있지 않았던 학자금 대출 상환 안내문이 날아왔다. 취업 준비에도 스트레스를 받던 상황에 조만간 학자금 원리금까지 상환해야 한다고 하니 답답했다. 취업 전이라 당장 원리금을 상환할 여력이 안 되는데 어찌해야 할지 모르겠다며 조언을 구했다.

이 남성은 '취업 후 상환'이 아닌 '일반 상환' 학자금 대출을 이용했

었고, 단순하게 졸업 시기를 계산해서 딱 3년 동안의 거치기간을 두고 대출을 받았었다. 따라서 소득의 발생 유무와는 관계없이 본인이 처음 정했던 거치기간이 종료된 후에는 원리금을 상환해야만 했다. 다행히 '학자금 유예 대출'이라는 제도를 통해 급한 불을 끌 수는 있었지만, 다급했던 상담자의 모습이 아직도 기억에 남는다.

학자금 대출은 영화에서 깡패들이 빚을 독촉하는 것처럼 공포스러운 상황을 연출하지는 않는다. 상환 여력이 되지 않으면 다양한 유예 제도를 통해 충분한 시간을 준다. 학자금 유예대출을 이용해 최대 3년간 상환 시기를 늦출 수 있고, 거치기간 중에 1회에 한해 거치기간과 상환기간을 조정할 수도 있다.

하지만 이런 제도를 알고 활용하기 위해서는 발등에 불 떨어질 때가 아니라 대출 받는 순간부터, 늦더라도 졸업을 앞둔 시기부터는 내가 어떤 종류의 학자금 대출을 받았고, 상환 방법은 어떻게 되어있는지 확실하게 알아둬야 한다. 그래야 앞으로 취업을 하든 하지 않든 상환 시기가 도래했을 때 확실하게 상환 플랜을 마련할 수 있을 것이다.

일반 상환 학자금대출은 거치기간(이자 납입 기간) 및 상환기간(원금 및 이자 납입기간)에 맞춰 월별 원리금을 상환한다. 취업 후 상환 학자금대출은 대출 실행 시점부터 원금과 이자에 대한 상환의무가 발생는데, 상환 방식에 따라 수시로 대출 원리금을 상환하는 '자발적 상환'과 연간소득금액이 상환기준소득을 초과해 졸업 여부와 상관없이 의무적으로 상환하는 '의무적 상환'으로 나뉜다. 한국장학재단 홈페이지에서 꼭 미리 확인해 곤란을 겪는 일이 없도록 하자.

위의 내용을 파악했다면 그 다음 봐야할 것은 '금리'를 체크해보는 것이다. 학자금 대출은 상환 방법에 따라 변동금리일 수도 있고 고정금리일 수도 있다. 또 고정금리라고 하더라도 매 학기마다 적용되었던 금리가 다를 수 있다. 여러번 이용한 학자금 대출이 받을 때마다 금리가 달랐다면 당연히 높은 금리의 대출금부터 상환해야 한다. 학자금 대출 금리는 점점 낮아지고 있는 추세이기 때문에 가장 먼저 받았던 대출금부터 순차적으로 갚아 나가도록 하자.

》 학자금대출 종류

취업 후 상환 학자금대출	연간소득금액이 상환기준소득을 초과하거나, 상속증여재산이 발생한 경우 일정 금액을 의무적으로 상환. (변동금리 2.2% 2018년 2학기 기준)
일반 상환 학자금대출	거치기간 동안 이자 납부 후 상환기간 동안 원리금 (원금+이자) 상환. (고정금리 2.2%)
농어촌출신 대학생 학자금융자	졸업 후 2년 후부터 상환. (제휴은행: 하나, 우리, 국민, 신한, 기업, 경남, 농협, 광주, 대구, 부산, 수협, SC제일, 전북, 하나, 제주, 우체국)

출처: 한국장학재단 홈페이지

학자금 대출 vs 적금

A는 대학을 졸업하고 이제 막 취업한지 5개월이 된 사회초년생이다. 급여를 받고 생활하다 보니 월세에 각종 생활비까지 갚아야 하는 1,000만 원의 학자금 대출까지 남아있는 상태다. 아직 대출 상환까지는 기간이 남아 있어서 이자만 내면 되는 상황이지만, 지금부터 저축을 시작해야 한다는 의견과 대출부터 갚아야 한다는 주변의 의견에 고민이 많은 상황이다.

이런 상황에서는 어떤 선택을 해야할까?

이 문제의 해답을 찾기 위해서는 역시 대출금리를 따져야 한다. 예전에는 예적금금리보다 학자금 대출금리가 다소 높은 상황이라면 당연히 대출금을 먼저 갚는 것이 유리했다. 상환해야 하는 이자 부담이 클 뿐더러 대출금리보다 높은 금리가 적용되는 예적금상품도 찾기 힘들었기 때문이다. 하지만 대출금만을 갚다보면 빚만 갚는데서 오는 심리적 박탈감을 느끼고, 저축하면서 목돈을 만드는 짜릿한 기분을 느끼지 못한다는 단점도 있다. 또 예기치 못하게 목돈을 써야할 때를 대비해 비상금도 만들어 둘 필요가 있다.

다행히 요즘은 학자금 대출금리도 많이 낮아졌고, 기준금리 인상 여파로 예금과 적금금리가 높아졌다. 따라서 저축금의 일부는 대출금을 상환하면서 갚아나가고, 나머지는 적금으로 목돈을 마련하는 플랜을 세우자. 적금도 대출금리보다 금리가 높은 상품을 찾는 것이 좋다. 그러나 적금 만기 후에 이 돈을 허투루 쓰는 일은 절대로 없어야 할 것이다.

적금을 모으는 것과 학자금 대출금 갚는 것을 똑똑하게 병행하기 위해서는 내가 받은 학자금대출이 무엇인지 한국장학재단 홈페이지를 통해 미리 알아보는 노력이 필요하다. 상환 방법과 금리 적용 방법이 다르므로 반드시 체크해, 학자금 대출에 현명하게 대처하자.

팩트체크

☑ **학자금 대출금이 있어도 목돈을 만들 수 있다.**

상환 방법이 '취업 후 상환'인지 '일반 상환'인지 미리 체크하자.

CHAPTER 3

방심하면 큰일 나는
신용등급 관리

　급할 때 돈을 빌릴 수 있는 친구가 있는가? 또는 급하게 돈이 필요한 친구에게 기꺼이 내 돈을 빌려줄 수 있는가? 이런 상황에서 돈을 빌려줄지 말지는 그 사람에 대한 신뢰도로 결정될 것이다. 내가 친구에게 돈을 빌려준다고 가정할 때, 제때 정확한 금액을 갚았던 친구와 그렇지 않았던 친구에게 느끼는 신뢰도는 분명 다를 것이다. 마찬가지로 은행도 빚을 잘 갚는 고객은 아무 거래도 하지 않는 고객보다 더 신뢰할 수 있다고 판단한다. 그리고 은행에서는 그 신뢰도를 '신용등급'이라는 것을 매겨 구분한다.

　대출을 받을 때는 신용등급이 매우 중요하다. 대출이자가 이 신용등급에 따라 많이 달라지기 때문이다. 적금 이자가 1~2% 차이가 나는 것이 심각한 타격이 될까 싶지만 대출금은 금액 자체가 크기 때문에 단 1%의 차이만으로도 적게는 수십만 원에서 많게는 수백만 원까지 차이가 나게 된다. 그렇기 때문에 대출이자를 0.1%라도 낮추는 게 심신과 재정 안정에 큰 도움이 된다.

신용등급은 현재 1~10등급으로 분류를 하고 있는데, 2018년 초, 금융위원회에서 발표한 새로운 신용평가 개선안이 적용돼 2018년 하반기부터는 등급제가 아니라 점수제로 바뀌게 된다. 개선안의 적용으로 소액 연체, 짧은 기간 연체로 신용등급이 떨어지는 일이 줄고, 은행, 카드사, 금융회사에 연체 이력이 공유되는 기간도 3년에서 1년으로 짧아진다. 또 카드회사나 저축은행에서 돈을 빌린다고 신용등급이 뚝 떨어지는 일도 없어지게 된다. 변경된 신용점수제도를 꼭 확인하자.

» **변경된 신용점수제도**

등급제가 점수제로

기존 1-10등급으로 나뉘던 신용평가가 점수제로 바뀌었다. 점수제 전환에 따라 전반적으로 약 240만 명의 금융소비자가 연 1% 수준의 금리 절감 혜택을 받을 것으로 추정된다.

업권이 아닌 금리로 판단

금융업권별로 대출을 받을 시에 등급 하락 폭이 크게 차이가 났으나 낮은 금리를 적용 받는 고객에게 신용 점수 하락폭을 완화했다. 이로 인해 중금리 대출자 총 41만 명의 신용 점수가 상승할 것으로 추정된다.

연체 기준 완화

단기 연체: 10만 원, 5일 〉 30만 원, 30일
장기 연체: 50만 원, 3개월 〉 100만 원, 3개월
연체 정보 기간: 3년 〉 1년

오랜 시간 공들여 누군가에게 쌓은 신뢰가 한순간의 실수로 무너지게 되듯, 신용등급도 올리는 데는 많은 시간과 노력이 필요하지만 떨어지는 것은 한순간이다. 그렇기 때문에 내 신용등급을 관리하는 것이 무엇보다 중요한데, 크게 신경 쓰고 있지 않다가는 나도 모르는 새 신용등급이 떨어져 있을 수도 있다. 평소에 신경 써야 한다.

팩트체크

☑ **신경 쓰고 있지 않으면 나도 모르는 사이에 신용등급이 떨어질 수 있다.**

바뀐 신용점수제도를 체크해 신용등급이 떨어지지 않게 하자.

소득공제 vs 세액공제 무엇이 유리할까?

　직장인은 매년 1월, 연말정산 서류를 회사에 제출한다. 예전엔 13월의 월급이라고도 불렸던 연말정산 환급액을 두고 요새는 적다고 불평하거나 오히려 세금을 더 내면서 울상을 짓는 이들이 적지 않다. 그런데도 다음 해에 똑같은 일이 발생하지 않게 하기 위해 어떤 전략을 세워야 하는지 고민하는 이들은 많지 않다. 연간 소비액이 비슷해도 연말정산 전략에 따라 환급액은 크게 달라진다. 그렇다면 대체 어떤 전략을 세워야 좋을까?

세액공제가 유리한 경우

연말정산을 할 때 가장 궁금한 점은 소득공제와 세액공제 중 어떤 것이 유리한지다. 결론부터 말하면 과표가 4,600만 원 이하면 세액공제가 유리하다. 과표(과세표준)는 세금을 부과하는 금액을 말한다. 쉽게 말해 소득, 즉 연봉이라고 생각하면 된다.

예를 들어 A의 연봉은 4,600만 원, B의 연봉은 4,601만 원이다. 그럼 A는 4,600만 원의 15%인 690만 원의 세금을 내고, B는 1만 원 밖에 연봉이 높지 않음에도 불구하고 24%인 약 1,104만 원을 낼까? 4,600만 원 까지는 똑같이 15%를 내고, 초과하는 1만 원에 대해서만 24%를 낸다. 이걸 누진공제라고 한다. 꼭 알아야 하는 기본 상식이다. 세율은 소득이 커질수록 높아지고, 소득 구간에 따라 달라진다. 이렇게 내가 내는 세금이 결정된다.

» **과표에 따른 종합소득세율 개정**

	구분	2017년	2018년(개정안)
과표	1,200만 원 이하	6%	6%
	1,200만 원~4,600만 원	15% − 108만 원	15% − 108만 원
	4,600만 원~8,800만 원	24% − 522만 원	24% − 522만 원
	8,800만 원~1.5억 원	35% − 1,490만 원	35% − 1,490만 원
	1.5억 원~3억 원	38% − 1,940만 원	38% − 1,940만 원
	3억 원~5억 원	38% − 1,940만 원	40% − 2,540만 원
	5억 원 초과	40% − 2,940만 원	42% − 3,540만 원

종합소득세율(지방소득세 10% 별도)

연말정산 원리를 잠시 살펴보면, 회사가 근로자에게 급여를 지급할 땐 세금을 공제한다. 회사가 근로자 대신 내는 세금은 간단한 형태로 계산된다. 근로자는 '정확한 금액'을 내야 하는데 연말정산이 그 역할을 한다. 연간 원천징수된 금액이 확정 세금보다 많으면 노동자는 연말정산을 통해 일정 금액을 돌려받는다. 그 반대라면 오히려 더 낸다. 이게 바로 연말정산을 하는 이유다. 혹시 내가 더 낼 수도 있기 때문에 꼭 거쳐야 하는 과정이다.

그렇다면 확정 세금은 어떻게 계산될까? 이때 활용되는 것이 소득공제와 세액공제다. 소득공제는 과세 대상이 되는 소득액 가운데 일정 금액을 빼주는 것이다. 과세표준 금액이 많을수록 높은 세율이 적용된다. 따라서 고소득자가 보다 큰 절세 혜택을 받는다. 반면 세액공제는 세금 자체를 빼주는 방식으로, 소득의 영향을 덜 받는다.

국세청 관계자는 "소득공제는 세율에 따라 공제되는 금액이 다른 반면 세액공제는 최저세율(6%)이든, 최고세율(40%)이든, 같은 금액이 공제된다"며 "세액공제는 6~15%의 세율을 적용받는 이에게, 소득공제는 고소득자에게 유리하다"고 말했다. 역시나 15% 이하의 세율이 적용되는 과세표준 4,600만 원 이하인 근로자에게는 세액공제가 유리하다는 이야기다.

과세표준에 따른 세율을 정리하면, 과표 1,200만 원 이하는 6%, 1,200만~4600만 원은 15%, 4,600만~8,800만 원은 24%, 8,800만~1억 5,000만 원은 35%, 1억 5,000만~5억 원은 38%이며, 5억 원을 초

과할 경우 40%다. 내년 연말정산에 적용되는 올해 소득부터 3~5억 원 구간이 신설되고, 40%의 소득세율이 적용된다. 5억 원을 초과하는 경우, 세율은 42%로 인상된다.

중복 공제되는 것 체크!

사실 연말정산을 앞둔 시점에 소득공제와 세액공제 중 뭐가 더 유리하느냐를 따지면 늦었다. 연초에 어느 항목에 지출을 집중할지 정해야 한다. 그럼에도 소득공제 항목과 세액공제 항목을 살펴야 하는 이유는 중복 공제가 가능한 것과 공제 한도가 없는 것을 반드시 챙겨야 해서다.

대표적인 것이 의료비다. 의료비는 세액공제 항목에 해당하지만 신용카드로 결제하면 소득공제도 받을 수 있다. 취학 전 아동의 교육비도 마찬가지다. 보육비용, 유치원비, 학원·체육시설 수강료, 방과후 수업료, 급식비의 15%(1명당 45만 원 한도)가 공제된다.

또 다른 세액공제 항목인 보장성보험료와 기부금은 신용카드 결제가 가능하더라도 소득공제는 받을 수 없다. 신용카드 소득공제는 신용카드 사용액이 총 급여의 25%를 초과했을 때 연봉에서 카드사용액을 뺀 금액의 15%(150만 원 한도)가 공제된다.

의료비는 보다 자세히 살펴볼 필요가 있다. 내가 사용한 의료비는 세액공제 한도가 없기 때문이다. 의료비 지출액이 총 급여액의 3%를 초과하면 초과 금액의 15%가 세액공제 된다. 부양가족의 의료비는 연 105만 원까지 공제되는데, 부양가족의 연령과 소득액의 제한이 없어 다른 항목보다 절세 효과가 크다. 예컨대 자녀의 연령이 20세 이상이거나 부모 연령이 60세 미만이어서 기본공제 대상이 아니더라도 의료비 세액공제를 받을 수 있다.

특별공제 적다면 '표준세액공제'

표준세액공제는 특별소득공제와 특별세액공제, 월세액 세액공제를 신청하지 않거나 이들 공제세액이 13만 원 이하일 때 최대 13만 원을 공제하는 항목이다. 특별공제(특별소득공제 및 특별세액공제)액이 적다면 표준세액공제를 신청해 13만 원을 공제받는 게 유리하다.

특히 20대와 30대는 표준세액공제에 주목할 필요가 있다. 특별공제는 근로자가 직접 신청한 경우에만 적용되는 항목으로 특별소득공제(건강·고용보험료, 주택자금)와 특별세액공제(보험료, 의료비, 교육비, 기부금)로 나뉜다. 그런데 미혼이나 자녀가 없는 젊은 사람들은 의료비나 교육비 지출이 상대적으로 적어 특별공제액 항목 중 건강보험료 외에는 해당사항이 없는 경우가 많다. 따라서 표준세액공제를 챙겨야 한다.

표준세액공제는 직접 신청해야 하는데, 연말정산 시 건강보험료를 비롯해 모든 특별공제를 입력하지 않아야 한다. 물론 젊다고 표준세액공제가 무조건 유리한 건 아니다. 특별소득공제 중 주택자금공제금액이 크다면 주택공제를 신청하는 게 더 유리하다. 특히 연봉 7,000만 원이하, 무주택 세대주이면서 주택마련 저축(주택청약 종합저축)에 가입했다면 특별공제 신청을 노려볼 만하다. 납입액의 40%(240만 원 한도)가 소득공제 된다.

월세를 내고 있다면 '월세 세액공제'

월세를 내고 있다면 월세 세액공제가 유리할 수 있다. 월세 세액공제는 무주택자가 월세를 내고 있는 경우, 월세액의 일정 비율을 산출해 세액에서 차감하는 제도다. 무주택자의 안정적 주거환경을 지원하기 위한 제도로, 20대와 30대의 소비 항목 중, 보통 가장 큰 비중을 차지하는 주거비를 지원한다. 고시원을 포함한 국민주택규모(전용면적 85㎡ 이하) 주택의 월세의 10%(750만 원 한도)가 세액공제 된다.

단, 연봉 7,000만 원 이하면서 무주택 세대주여야 한다. 이밖에 월세 세액공제와 같은 조건으로 전세자금대출 상환액의 40%가 소득공제된다는 점도 놓치지 말자. 주거용 오피스텔의 전세자금대출액을 상환중이어도 이 공제는 적용된다. 2018년부터는 근로자 본인외에도 기본공제대상자가 주택 임대차 계약을 할 경우에도 세액공제를 받을 수 있도록 공제 대상 부분이 개선되었다.

① 연말정산 월세 세액공제 조건

2018년 연말정산 정책에서 가장 눈에 띄는 변화는 총 급여에 따라 공제비율이 늘어나고 대상주택에 고시원도 포함된다는 점이다. 2018년부터 해당되는 고시원을 포함해 아파트, 빌라, 주거용 오피스텔, 다세대, 다가구 등등 85㎡ 이하에 해당되는 주택용부동산이 대상이 된다. 2018년 12월 안에 임대차계약서에 기재한주소지로 주민등록상의 주소지를 변경해야 월세 세액공제가 가능하다.

세대주가 월세 세액공제를 받지 못하면 세대원이 받는 것이 가능하다. 총 급여액이 7,000만 원 이하, 5,500만 원 초과된 근로자는 10% 공제율을 적용받고 750만 원 공제한도 내에서 세액공제를 받는다. 연간 급여액 5,500만 원 이하의 근로자는 12%를 확대 적용받게 되었다.

② 월세 세액공제 신청 주의사항 정리

연말정산을 신청하는 근로자는 무주택자여야 하고, 연간 총 급여가 7,000만 원 이하 조건을 충족해야 한다. 임대차 계약서 주소지와 주민등록상의 주소지가 반드시 동일해야 한다. 전입신고 한 이후에 냈던 월세에 대해서 세액공제가 가능하다. 중요한 것은 실제 월세액과 계약서에 적힌 월세액이 다른 경우가 있다. 만약 다르게 작성하고 세액공제를 신청하면, 관리비로 냈던 돈은 공제를 못 받게 되니 꼭 주의해야 한다. 또 월세는 반드시 계약자의 명의로 임대인에게 보내야 한다.

③ 월세세액공제 신청에 필요한 서류

'주민등록등본', '임대차계약서 사본', '월세증빙자료'와 '월세액 세액공제 명세서'가 필요하다. 월세 증빙 자료로는 현금영수증이나 계좌이체한 영수증, 통장 이체 내여 사본이 인정된다.

팩트체크

☑ **연말정산 전략에 따라 환급받을 수 있는 금액이 달라진다.**

직접 신청하는 표준세액공제, 놓치기 쉬운 월세세액공제 등 챙길 수 있는 것이 많다. 다가오는 연말정산을 대비해 미리 알아보고 준비하자.

CHAPTER 5

퇴직금, 퇴직연금, IRP 계좌까지 한방에 정리

　최근 사회적 분위기 때문인지 퇴직 후 받는 퇴직급여(퇴직금)에 대한 문의를 하는 이들이 많다. 하지만 퇴직 전까지 회사 일에만 몰두하고 자산을 관리하는 데는 잘 관심을 두지 않은 탓에 자신의 퇴직급여를 어떻게 받고, 어떤 식으로 수령해, 어떤 방식으로 관리를 해야 하는지에 대해서 잘 모르는 이들이 많다.

　퇴직금이 제도화된 이유는 회사를 다니면서도 저축을 하지 않았거나, 재테크에 실패한 사람이 퇴직을 했을 때 돈이 없어 생기는 여러 사회 문제를 막기 위해서다. 국가는 근로자들이 회사를 그만둘 때 기업이 일정한 수준의 퇴직금을 주게 하는 제도를 만들었다.

» **참고) 퇴직금 계산법**

> 법정 퇴직금 = 1일 평균임금 × 30(일) × (근속년수+1년 미만 기간의 일수/365)

퇴직연금제도

과거에는 퇴직금을 회사가 알아서 퇴직자에게 주면 되는, 단순한 제도였다. 그러나 기업이 부도가 나서 할 수 없이 근로자들이 실직이 되었을 때에는 퇴직금을 받지 못하게 된다. 그래서 이 같은 상황을 정책적으로 대비하기 위해 2005년 12월에 '퇴직연금제도'를 도입했다.

퇴직연금제도에 연금이라는 단어가 들어가기 때문에 사람들은 퇴직금이 연금을 주는 것을 목적으로 한다고 생각하지만 이 제도의 핵심은 근로자들이 퇴직할 때 받아야 하는 금액을 회사가 아닌 은행, 증권사, 보험회사 등, 회사 밖에 두도록 하는 것이다. 그래서 근로자들의 퇴직금이 간접적으로라도 보호받을 수 있게 한다.

퇴직연금제도를 도입한 기업은 아직 퇴직을 하지 않은 직원의 퇴직급여에 해당하는 금액을 선정한 금융기관의 계좌에 입금한다. 퇴직급여 지급을 위한 목적이 아니라면 해당 기업은 그 어떤 목적으로도 이 돈을 건드릴 수 없다. 이렇게 되면 만약 회사가 부도가 나더라도 회사 밖의 금융기관에 넣어둔 직원들의 퇴직금은 그대로 보존된다.

여기에 정부는 근로자들이 회사를 다니면서 개인 대출을 갚거나 또는 개인적인 목적으로 퇴직금을 미리 받아 써버려, 퇴직할 때 받는 퇴직급여가 거의 없는 근로자들 때문에 또 다른 장치를 하나 더 걸어두게 된다. 퇴직 때 받은 퇴직급여를 'IRP 개인퇴직연금' 계좌에 넣어서 연금 형식으로 쓰면 퇴직소득세를 감면해 주는 제도가 그것이다. 이 때문에 퇴직연금제도라는 단어가 생겨났지만, 이런 제도가 생긴 이유는 연금 활용이 아닌 근로자들의 퇴직 급여를 직장 밖 금융 기관에 예치한다는 것임을 다시 한 번 기억하자.

이직과 퇴사가 잦은 요즘, 세금을 이해하고 연금 활용을 미리 준비하는 것은 큰 도움이 된다. 이번 장 내용을 잘 살피면 퇴직금을 정산해 받을지, 개인퇴직연금 IRP 계좌로 받아 연금으로 활용할지 판단내리는 데 도움이 될 것이다.

내가 가입한 퇴직연금은? DB형, DC형

퇴직연금제도를 만든 이유는 현재 직장을 다니는 모든 직원들이 한꺼번에 퇴직을 했을 때에도 모든 퇴직소득이 퇴직자들에게 지급이 될 수 있도록, 해당 금액을 모두 회사 밖에 두게 하는 것이 목적이라고 했다. 따라서 퇴직연금을 도입한 회사는 은행, 증권사 또는 보험사와 계약해 퇴직연금을 직원들이 희망하는 방식으로 수령할 수 있게 하고 있다. 퇴직연금에 가입된 직장인들은 DB형과 DC형 중 하나를 선택할 수 있다. 무엇을 선택하고, 또 어떻게 관리하는 것이 좋을까?

① DB형 퇴직연금

우선 확정급여형이라 불리는 DB Defined Benefit형이 있다. DB형은 퇴직소득이 전통적인 퇴직금 계산법과 동일하다고 보면 된다. 근로기준법은 '사용자가 근로자의 계속 근로연수 1년에 대해 30일분 이상의 평균 임금을 퇴직금으로 지급하도록 그 최저기준을 정한다.' 고 명시하고 있는데 간단하게 최근 3개월간의 평균급여에 근무 연수를 곱한다고 보면 된다. '퇴직금 계산기'를 검색하거나 고용노동부 홈페이지에 들어가 계산할 수 있다. 그러나 가장 정확한 것은 회사에 물어보는 방법이다.

방금 말한 퇴직금 계산방법은 DB형을 선택한 직원들의 퇴직금 계산법이다. 월급을 많이 받은 사람의 퇴직금이 많다는 것을 의미하기도 한다. 따라서 DB형을 선택해야 하는 사람들은 회사에서 어느 정도 일정하게 높은 비율로 연봉을 올려주는 직장을 다니는 사람들이다.

② DC형 퇴직연금

DB형 외에 확정기여형이라 불리는 DC Defined Contribution형이 있다. DC형을 선택하는 사람들이 받는 퇴직금 계산법은 DB형과는 완전히 다르다. DB형은 퇴직 직전에 받는 월급이 얼마나 많고, 직장을 얼마나 오래 다녔느지 따라 퇴직금이 달라진다. 하지만 DC형은 직장을 다니는 동안에 근로자가 자신의 퇴직금을 얼마나 잘 관리해 왔는지에 따라 퇴직금이 달라진다.

DC형은 직장에서 매년 연간 임금총액의 1/12를 근로자의 퇴직연금 계좌에 입금해준다. 다시 말해 1년간 연간 2,400만 원을 받은 직장인이 DC형을 선택했다면, 근로 1년이 되는 시점에 회사에서 200만 원을 해당 직장인의 퇴직연금 계좌에 넣어준다. 그리고 그 다음 해 연간 소득이 2,640만 원 이었다면 한해가 지난 시점에 220만 원을 해당 직장인의 퇴직연금 계좌로 넣어준다.

» 확정급여형(DB형) 퇴직연금 계산법

※ 퇴직 시 평균임금: 계속근로기간 1년에 대하여 30일분의 평균임금

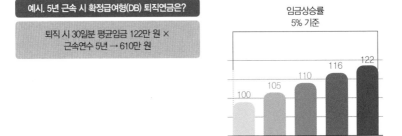

출처: 고용노동부 홈페이지

DB형은 퇴직자의 퇴직 소득이 퇴직 직전에 결정된다. 퇴직 전까지 찾아 쓸 수도 없다. 그래서 DC형을 선택한 직원은 이렇게 생긴 돈으로 자신의 퇴직연금 계좌 내에서 펀드나 RP상품을 스스로 운용해 수익을 내볼 수도 있다.

결국 퇴직연금제도에서 DB형과 DC형의 차이는 회사에서 마지막으로 받은 월급에 근속년수를 곱한 값으로 퇴직 소득이 정해지느냐(DB형), 아니면 매년 퇴직 소득을 계좌로 받아서 스스로 운용해 스스로 퇴직금을 키우느냐(DC형)의 차이다.

대기업 같이 매년 알아서 연봉 잘 올려주는 오래 다닐 수 있는 직장

》 **확정급여형(DB형) 퇴직연금 계산법**

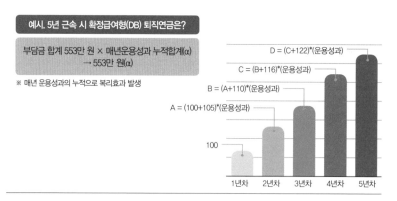

출처: 고용노동부 홈페이지

이라면, 마지막에 받는 연봉으로 크게 퇴직금의 크기를 키울 수가 있다. 그래서 매년 퇴직금까지 운용하려고 고민해야하는 DC형보다는 DB형을 선택하는 것이 맞다. 하지만 연봉이 크게 오르지 않는 직장이라면 마지막에 받는 연봉의 크기가 중요한 DB형을 선택하기 보다는 차라리 매년 퇴직금을 받아서 퇴직연금계좌 내에서 운용해 스스로 퇴직금을 키우는 것이 더 나을 수도 있다. 따라서 병원이나 연봉 인상이 높지 않은 기업에 다니고 있다면 DC형을 선택하는 것을 추천한다.

하지만 여기까지는 이론일 뿐이다. 연봉을 알아서 잘 올려주는 대기업에서도 직원들에게 DC형만 선택하게 하는 경우도 많이 있다. 또한 임금피크제를 시행하는 기업이라면 결국 퇴직 직전에 DC형으로 퇴직금을 3~5년간 운용할 수밖에 없다. 따라서 무엇을 선택하든지 얼마나 나의 퇴직금을 스스로 잘 운용하느냐가 관건이다. 관심을 가지고 공부하면 잘 운용할 수 있다.

퇴직연금 그리고 IRP

퇴직을 하면 퇴직금을 받고, 퇴직소득세라는 것을 내야 한다. 퇴직소득세를 계산하는 방법은 매우 복잡하다. 직접 계산할 수 있는 사람은 거의 없다. 15년 이상 오래 회사를 다닌 퇴직자의 퇴직소득세는 퇴직금의 3% 정도다. 예를 들어 퇴직자 A가 2000년 1월 1일에 입사를 해서 2017년 12월 31일에 퇴직을 해서 받는 퇴직급여가 1억 원이라고 가정해보자. 이 사람이 퇴직을 하면서 퇴직금을 자신의 계좌로 직접 받게 되면 3,095,996원의 세금을 내야 하고, 실수령액은 9,690만 4,004원이 된다.

그런데 만약 퇴직금을 IRP 개인형 퇴직연금 계좌로 받게 되면 이야기가 달라진다. 위에서 예로 든 퇴직자 A가 IRP로 퇴직금을 받게 되면 세금을 전혀 내지 않고 1억이라는 퇴직금을 그대로 IRP에 넣어둘 수 있다. IRP는 퇴직금을 여기 저기 쓰지 말고, 노후가 될 때까지 잘 운용하다가 나중에 연금으로 쓸 것을 권장하는 제도다. 연금으로 쓰겠다는 암묵적인 약속을 했기 때문에 국가에서는 퇴직소득세를 떼어가지 않는다.

퇴직자 A는 1억이라는 퇴직금을 IRP에 넣어서 금리형 상품이나 펀드 같은 상품을 이용해 계속 운용할 수 있다. 1억의 퇴직금이 2,000만 원의 수익이 생겨 총 1억 2,000만 원이 되었을 때, 퇴직자 A가 연금 개시 신청을 했다고 가정해 보겠다.

이 때 퇴직자 A는 퇴직금을 한번에 수령해 쓰지 않고 연금으로 활용하기 때문에 세금 할인을 받게 된다. 따라서 연금을 받을 때 원래 퇴직금에 내야 했던 309만 5,996원은 30% 감면을 받게 되어, 70%에 해당하는 216만 7,197원만 내면 된다. 이것도 한 번에 내는 것이 아니라 연금을 수령하는 동안에 천천히 나눠서 납입하게 된다. 정확히 말하면 세금을 먼저 제하고 연금을 받는 것이다. 그리고 수익이 난 2,000만 원에 대해서는 원래 15.4%라는 이자소득세나 배당소득세를 내야 하는데, 이것도 감면을 받아 5.5~3.3%만 내게 된다.

물론 퇴직금을 IRP에 넣어서 연금 형식으로 받다가 해지를 할 수도 있다. 이럴 때에는 연금으로 쓰겠다고 약속한 것을 어긴 것이기 때문에 원래 퇴직금인 1억에 대해 내야 하는 309만 5,996원과 수익이 난 금액의 15.4%에 해당하는 세금을 제하고 돌려받게 된다. 따라서 퇴직금을 받게 되면 일단 IRP로 운용을 하는 것이 좋은 선택이다. 중간에 깨서 크게 손해 볼 일도 없기 때문이다.

» **IRP 개인형 퇴직연금 활용**

퇴직금을 IRP로 입금 시 퇴직소득세를 차감하지 않고 그만큼 재투자 가능

- 퇴직금 1억, 퇴직소득세 500만 원인 고객이 일반통장으로 받으면 9,500만 원 입금 (세금 500만 원 차감)
- IRP로 입금하면 1억 그대로 입금(세금 500만 원 투자 가능)

IRP 유지 시 발생되는 운용수익에 따라 이자, 배당소득세 미부과!

- 은행에서 가입한 예금에서 발생된 이자는 이자소득세가 15.4% 부과됨
- 하지만 IRP는 운용기간 동안 발생된 수익에 대해서 세금 부과되지 않음

IRP에서 연금 수령 시 High 세금 → Low 세금

- High 세금(기타소득세 16.5%) → Low 세금 (연금소득세 3.3%~5.5 또는 퇴직소득세 30% 할인!)
- 해지 시 퇴직소득세 100% 부과, 발생수익은 16.5% 부과
- 연금 수령 시 퇴직소득세의 70%만 부과, 발생 수익은 연령에 따라 3.3%~5.5% (*69세 이하: 5.5%, 79세 이하: 4.4%, 79세 초과: 3.3%)

다만 퇴직소득세를 내고 한번에 받은 돈으로 좀 더 효율적인 투자를 할 수 있다면 일시금으로 받는 것도 나쁜 선택이 아닐 수 있다. 하지만 퇴직금을 받아서 다시 펀드 등으로 운용을 할 것이라면 그냥 IRP에서 운용을 하다가 향후에 연금으로 쓸지, 목돈으로 사용할지를 결정하는 것이 낫다.

2017년 7월 26일부터 IRP 가입 대상이 확대되었다. 앞으로는 자영업자, 의사, 변호사 등의 직업을 가진 이들도 가입할 수 있다. 우리나라에는 세액공제를 받을 수 있는 연금상품이 두 개가 있다.

하나는 개인연금저축이고, 다른 하나가 바로 IRP다. 개인이 이 상품에 가입하는 가장 큰 이유는 바로 세액공제 때문이다. 하지만 이와 동시에 가장 주의해야 할 점은 세액공제라는 당근은 이 상품에 가입한 돈을 무조건 연금으로만 써야 한다는 채찍을 우리에게 준다는 것이다. 따라서 당장의 세액공제를 받기 위해 연금저축이나 IRP에 가입하면 향후 개인적인 문제 때문에 오히려 손해를 보면서 자금을 꺼내 써야 할 수도 있다.

IRP에 관리 수수료를 금융사들이 서로 인하하겠다는 홍보를 많이 하고 있다. 사실 관리 수수료는 0.4% 정도인데 그걸 0.29% 정도로 낮추는 것이 의미가 있을까 싶다. 수수료를 인하하지 않더라도 이미 0.25~0.3%의 수수료만 받는 금융사가 있기 때문에 이렇게 인하를 하더라도 기존의 낮은 수수료를 받던 금융사의 수수료에 미치지 못하는 경우도 허다할 것으로 보인다.

하지만 요란한 홍보를 하는 이유는 이렇게 IRP를 한번 유치하고 나면, 이 돈은 연금으로 쓸 확률이 높기 때문에 금융사로의 지속적인 자금 유입을 기대할 수 있기 때문이다. 이런 금융사 홍보와 금융사에 다니는 지인들의 부탁으로 또 하나의 계좌를 만들어줘야 하는 상황이 올 수도 있다. 친구가 다니는 금융사에서 어플 만들었다고 가입해 달라고 해서 쓰지도 않는 어플에 가입하고, ISA 계좌 하나 만들라고 해서 10만 원 넣고 계좌 하나 만들어주고, 이제는 IRP 만들어서 추가로 세액공제 받으라는 연락이 올 것이다. 물론 세액공제 받은 돈은 꺼내 쓰면 손해라는 이야기는 하지 않을 것이다.

IRP 계좌 만들기 전 체크!

그래서 IRP 계좌를 만들기 전에 몇 가지 생각해 봐야할 점에 대해 이야기를 해보겠다.

첫째, IRP는 세액공제를 받기 위해 만드는 계좌가 아니다. 납입하는 금액이 연금으로만 쓰일 자금인지를 생각하고 가입해야 한다. 위에서도 언급했지만 세액공제는 국민들의 연금 가입을 유도하기 위한 국가 정책 중에 하나다. 세액공제를 받는 돈은 연금으로만 쓰겠다는 암묵적인 약속이다. 따라서 세액공제 받은 돈을 중간에 인출하거나 해지하면 세액공제를 받은 만큼, 또는 그 이상을 물어내야 한다. 그럼 오히려 납입한 돈도 못 찾게 된다. 결국 손해 보는 행동을 하게 되는 것이다.

둘째, 세액공제가 되는 상품은 IRP 말고도 연금저축상품이 있다. 그 중에서 가장 대표적인 것이 연금저축펀드다. 증권사의 IRP와 연금펀드는 같은 비율로 세액공제 된다. 심지어 연금펀드의 종류가 IRP에 있는 펀드보다 훨씬 더 종류도 다양하고 구성이 좋다. 따라서 아직까지 세액공제 상품을 가입한 적이 없다면 IRP보다 연금펀드를 먼저 가입하는 것이 훨씬 유리하다. 연금펀드는 IRP와는 달리 가입 범위와 상관없이 언제든지, 누구나 가입이 가능하다. 세액공제를 받고 싶다면 연금펀드를 먼저 알아보자.

마지막은 첫 번째 내용과 연결된다. IRP에 가입을 하든, 연금펀드에 가입을 하든 세액공제를 받으면 돈이 묶이게 된다. 따라서 세액공제가 꼭 필요하지 않거나 현금 자산이 충분하지 않다면 당장 가입할 필요는 없다. 이미 연금펀드를 보유하고 있다면 그걸로 충분할 수 있다.

팩트체크

> ☑ **퇴직금 운용 계획은 퇴직할 때가 아니라 회사를 다닐 때 세워야 한다.**
> DB형과 DC형, IRP를 꼼꼼히 알아보고 유리한 것을 선택해 운용하자.

국민연금, 어디까지 알고 있니?

지난 2013년, 국민연금 수급 연도가 5년마다 1살씩 순차적으로 연장되었다. 평균수명이 늘어나는 세태를 반영한 것이라고 하지만, 이는 연금 고갈 가능성을 줄이기 위한 것이다. 이제, 1969년생 이후부터는 만 65세부터 국민연금을 받을 수 있다. 정확하게는 국민연금 종류 중 노령연금을 말한다. 일반적으로 국민연금이라고 하면 노령연금을 떠올리기 때문에 국민연금이라는 단어를 사용하기로 한다.

국민연금 홈페이지에 나와 있는 수령 나이는 다음과 같다.

출생년도	노령연금	조기노령연금	분할연금
1952년생 이전	60세	55세	60세
1953~1956년생	61세	56세	61세
1957~1960년생	62세	57세	62세
1961~1964년생	63세	58세	63세
1965~1968년생	64세	59세	64세
1969년생 이후	65세	60세	65세

출처: 국민연금 홈페이지

조기노령연금은 10년 이상 국민연금에 가입한 상태로 소득이 없을 때 본인 신청에 의해 일찍 수급하는 연금이다. 당연히 수급액이 줄어들기 때문에 가급적이면 조기노령연금은 활용하지 않는 것이 좋다. 분할연금은 본인의 연금을 분할하여 타인에게 지급하는 것인데, 현재는 이혼한 이전 배우자에게만 지급할 수 있게 되어있다.

내가 받을 연금의 예상 수령액을 알 수 있는 방법으로는 크게 세 가지가 있다. 첫째, 수치를 직접 입력해 예상액을 체크해 보는 것이다. 둘째, 가입정보를 토대로 미래 연금을 추정해보는 방법이 있다. 그리고 셋째, 하단 예상월액표를 통해 가늠해 보는 방법이 있다. 첫 번째와 두 번째 방법은 국민연금 홈페이지에서 해볼 수 있다. 국민연금 홈페이지에서는 내가 지금까지 낸 국민연금액도 확인할 수 있다. 하단 예상월액표를 활용해 수급액을 예측해 보자.

» 2018년 예상연금월액표(2018.05.23 기준)

순번	가입기간중 기준	연금보험료 (9%)	가입기간						
			10년	15년	20년	25년	30년	35년	40년
1	1,000,000	90,000	174,760	256,530	338,290	420,050	501,810	583,580	665,340
2	1,100,000	99,000	180,110	264,370	348,630	432,900	517,160	601,420	685,680
3	1,200,000	108,000	185,450	272,210	358,980	445,740	532,500	619,270	706,030
4	1,300,000	117,000	190,790	280,060	369,320	458,580	547,850	637,110	726,370
5	1,400,000	126,000	196,140	287,900	379,660	471,430	563,190	654,950	746,720
6	1,500,000	135,000	201,480	295,740	390,010	484,270	578,530	672,800	767,060
7	1,600,000	144,000	206,830	303,590	400,350	497,110	593,880	690,640	787,400
8	1,700,000	153,000	212,170	311,430	410,700	509,960	609,220	708,480	807,750
9	1,800,000	162,000	217,510	319,280	421,040	522,800	624,560	726,330	828,090
10	1,900,000	171,000	222,860	327,120	431,380	535,650	639,910	744,170	848,430
11	2,000,000	180,000	228,200	334,960	441,730	548,490	655,250	762,020	868,780
12	2,100,000	189,000	233,540	342,810	452,070	561,330	670,600	779,860	889,120
13	2,200,000	198,000	238,890	350,650	462,410	574,180	685,940	797,700	909,470
14	2,300,000	207,000	244,230	358,490	472,760	587,020	701,280	815,550	929,810
15	2,400,000	216,000	249,580	366,340	483,100	599,860	716,630	833,390	950,150
16	2,500,000	225,000	254,920	374,180	493,450	612,710	731,970	851,230	970,500
17	2,600,000	234,000	260,260	382,030	503,790	625,550	747,310	869,080	990,840
18	2,700,000	243,000	265,610	389,870	514,130	638,400	762,660	886,920	1,011,180
19	2,800,000	252,000	270,950	397,710	524,480	651,240	778,000	904,770	1,031,530
20	2,900,000	261,000	276,290	405,560	534,820	664,080	793,350	922,610	1,051,870
21	3,000,000	270,000	281,640	413,400	545,160	676,930	808,690	940,450	1,072,220
22	3,100,000	279,000	286,980	421,240	555,510	689,770	824,030	958,300	1,092,560
23	3,200,000	288,000	292,330	429,090	565,850	702,610	839,380	976,140	1,112,900
24	3,300,000	297,000	297,670	436,930	576,200	715,460	854,720	993,980	1,133,250
25	3,400,000	306,000	303,010	444,780	586,540	728,300	870,060	1,011,830	1,153,590
26	3,500,000	315,000	308,360	452,620	596,880	741,150	885,410	1,029,670	1,173,930
27	3,600,000	324,000	313,700	460,460	607,230	753,990	900,750	1,047,520	1,194,280
28	3,700,000	333,000	319,040	468,310	617,570	766,830	916,100	1,065,360	1,214,620
29	3,800,000	342,000	324,390	476,150	627,910	779,680	931,440	1,083,200	1,234,970
30	3,900,000	351,000	329,730	483,990	638,260	792,520	946,780	1,101,050	1,255,310
31	4,000,000	360,000	335,080	491,840	648,600	805,360	962,130	1,118,890	1,275,650
32	4,100,000	369,000	340,420	499,680	658,950	818,210	977,470	1,136,730	1,296,000
33	4,200,000	378,000	345,760	507,530	669,290	831,050	992,810	1,154,580	1,316,340
34	4,300,000	387,000	351,110	515,370	679,630	843,900	1,008,160	1,172,420	1,336,680
35	4,400,000	396,000	356,450	523,210	689,980	856,740	1,023,500	1,190,270	1,357,030

출처: 국민연금관리공단

보는 방법은 매월 발생하는 소득액 또는 내가 내는 평균 연금보험료를 먼저 체크한 후, 예상되는 가입기간을 적용한다. 예를 들어 350만 원의 소득(국민연금 보험료 31만 5,000원)이면서 총 가입기간이 30년 정도일 것으로 예상이 된다면 매월 받을 수 있는 국민연금 예상수령액은 88만 5,410원이 된다. 위의 표는 현재 가치가 기준이 되기 때문에 아주 정확하다고 할 수는 없지만 국민연금 수급액은 매년 물가상승률 정도만 적용되기 때문에 지금 기준으로 받는다고 보아도 무방하다.

팩트체크

☑ **말 많은 국민연금, 얼마를 받게 될지 미리 알아볼 수 있다.**

내가 받게 될 연금은 제시된 예상월액표로 수령액을 예상해볼 수 있다. 궁금한 것이 있다면 국민연금공단 홈페이지를 방문해 보자.

지금 모르면 손해, 청년우대정책

CHAPTER 1

청년우대형 주택청약종합저축, 뭐가 달라졌을까?

2018년 시장금리 상승으로 대출금리는 상승하고 있는 반면 예금금리는 하락했다. 청년들의 안정적인 주거환경 마련을 위해 주택 구입과 전월세자금 마련을 돕는 '청년우대형 청약통장'이 출시됐다. 기존 청약 기능은 그대로 유지하면서 우대금리와 이자소득 비과세 혜택을 제공하는 상품이다.

청년우대형 주택청약종합저축은 기존 주택청약종합저축의 청약기능과 소득공제 혜택은 그대로 유지하면서 재형 기능을 강화했다. 가입 대상은 다음 사항을 모두 충족하는 대상자로 나이는 만 19세 이상~ 만 29세 이하(병역증명서에 의한 병역 이행기간이 증명되는 경우 현재 연령에서 병역 이행 기간(최대 6년)을 빼고 계산한 연령이 만 29세 이하인 사람 포함)여야 한다. 소득은 직전년도 신고소득이 있는 자로 연소득 3천만 원 이하, 주택을 소유하지 않은 세대주여야 한다.

이 상품은 2018년 7월 31일부터 2021년 12월 31일까지 한시적으로 운용된다. 적용이자율은 납입원금 5,000만 원 한도 내에서 신규 가입일로부터 2년 이상인 경우, 가입일로부터 10년 이내 무주택 기간에 한하여 기존 '주택청약종합저축' 이율에 우대이율(1.5%)을 더한 이율을 적용한다. 납입 방식은 현재 주택청약종합저축과 동일하다. 1천 500만 원까지 자유롭게 납입한 후 연간 600만 원(월 2만~50만 원) 한도로 납입할 수 있다.

» **청년우대형 주택청약종합저축 가입대상 조건**

구분	가입 조건
나이	만 19세 이상~만 29세 이하 (병역증명서에 의한 병역 이행 기간이 증명되는 경우 현재 연령에서 병역 이행 기간(최대 6년)을 빼고 계산한 연령이 만 29세 이하인 사람 포함
소득	직전 년도 신고 소득이 있는 자로 연소득 3천만 원 이하 (1년 미만으로 직전 년도 신고 소득이 없는 경우 근로 소득자에 한해 급여명세표 등으로 연소득 환산
주택 여부	주택을 소유하지 않은 세대주

출처: 도시주택기금 홈페이지

이미 주택청약종합저축에 가입했다면?

　기존 주택청약종합저축 가입자도 가입요건 충족 시 '청년우대형'으로 전환이 가능하다. 기존 계좌가 청약당첨계좌인 경우에는 전환이 불가능하다. 기존 통장의 청약순위와 관련한 납입 인정 회차(선납 및 연체일수 등은 미반영) 및 납입원금은 연속해 인정한다는 것이 장점이다.

　우대이율 및 청약 회차는 전환원금을 제외한 입금 분부터 적용하며, 전환원금은 기존 주택청약종합저축 이율을 적용한다. 전환에 따라 약정납입일은 전환신규일로 변경된다. 비과세 혜택은 현재는 과세 대상이나, 조세특례제한법(개정 예정)에서 정하는 바에 따라 가입기간이 2년 이상 시 이자소득의 500만 원까지 비과세 할 예정이다.

　기타 청약 자격, 입금방법, 소득공제 관련 사항은 기존 '주택청약종합저축'과 동일하게 적용한다. 취급은행은 국민, 기업, 농협, 신한, 우

» **기존 주택청약종합저축 vs 청년우대형 청약통장**

구분		기존 주택청약종합저축	청년우대형 청약통장
가입 자격		누구나 가입 가능	일정 요건(나이, 소득, 무주택 등) 충족 시 가입 가능
혜택	금리	연 최대 1.8%	원금 5천만 원까지 연 최대 3.3%
	비과세	없음(이자소득세 14% 부과)	이자소득 5백만 원까지 비과세
	소득공제	연간 240만 원 범위에서 40% 공제	연간 240만 원 범위에서 40% 공제

출처: 도시주택기금 홈페이지

구분	1개월 이내	1개월 초과 ~1년 미만	1년 이상 ~2년 미만	2년 이상 ~10년 이하	10년 초과시 부터
일반 주택청약 종합저축 이자율	무이자	1.0	1.5	1.8	1.8
청년우대형 청약통장 이자율	무이자	2.5	3.0	3.3	1.8

*변동금리로서 정부 고시에 의해 변경될 수 있으며, 이율이 변경되는 경우 변경일 기준으로 변경 후 이자율 적용

(단위: 연,%) (2018.7.31. 기준, 세금공제 전, 단리식)

리, 하나, 부산, 대구, 경남은행 등 9개 은행이다. 청년우대형 청약통장은 주택청약종합저축의 일종으로 재형기능 강화를 위해 우대금리와 이자소득 비과세 혜택을 제공하는 상품으로 주택청약종합저축의 하위 상품이라 할 수 있다.

따라서 현재 주택청약종합저축에서 제공하고 있는 소득공제 조건을 그대로 적용받게 되며, 연소득 7천만 원 이하 무주택세대주로 무주택 확인서를 제출하는 경우 연간 납입액 240만 원 한도로 40%까지 소득 공제된다. 추가적으로 현재 가입 대상 연령은 만 19세 이상 29세 이하 (병역기간은 별도로 인정)로 되어 있지만 늦어도 내년부터는 만 34세 이하까지 가입할 수 있다.

가입 시 제출해야 하는 서류로는 소득증빙서류(기본 ISA가입용 소득확인증명서로, 국세청 '홈텍스'에서 발급 가능), 원천징수영수증(근로 · 사업 · 기타 소득), 주민등록등본(최근 3개월 내 발급), 병적증명서(해당하는 자), 무주택 확인각서(양식 은행 제공)가 있다.

☑ **자격만 된다면 가입하지 않을 이유가 없는 청년우대형 주택청약 종합저축! 기본금리에 연 1.5% 우대금리, 500만원까지 비과세, 최대 96만원 소득공제 혜택을 누릴 수 있다.**

만 19세~29세 이하, 연 소득 3천만 원 이하의 무주택 세대주여야 가입할 수 있다.

저축금 5배 불리는 청년내일채움공제

중소·중견기업 정규직 취업자를 위한 '청년내일채움공제'에 많은 관심이 쏠린다. 청년내일채움공제는 중소·중견기업에 정규직으로 취업한 청년들의 장기근속을 위해 고용노동부와 중소벤처기업부가 공동으로 운영하는 사업이다. 2년 또는 3년간 근속할 경우 성과보상금 형태로 만기공제금을 받을 수 있다.

기업에게는 근로자들의 잦은 이직으로 인력난이 심각한 상황에서 우수인력을 고용 유지할 수 있는 기회가 마련된다. 또 근로자들에게는 최소 2년간 동일 사업장에서 근무하면서 실질적 경력 형성의 기회를 제공한다. 본인 납입금 대비 5배 이상을 수령하여 미래 설계 기반을

2년형	2년간 300만 원(매월 12만5,000원)을 적립하면 정부(취업지원금 900만 원)와 기업(400만 원, 정부지원)이 공동 적립. 2년 납입 후 만기공제금 1,600만 원+이자 수령.
3년형	청년 본인이 3년간 600만 원(매월 16만5,000원)을 적립하면 정부(취업지원금 1,800만 원)와 기업(600만 원, 정부지원)이 공동 적립한다. 3년 납입 후 만기공제금 3,000만 원+이자 수령한다.

마련하고, 만기 후에는 중소벤처기업부의 청년내일채움공제로 재가입할 수 있어 장기적인 목돈 마련 기회를 제공한다. 대상은 만 15세 이상 ~34세 이하 청년이다. 군필자의 경우 복무기간에 비례하여 참여 제한 연령을 연동하여 적용, 최고 만 39세로 제한한다. 학력 제한은 없다. 단, 정규직 취업일 기준 고등학교 또는 대학교를 재학·휴학할 경우 신청할 수 없다.

2년형과 3년형, 무엇이 다를까?

청년내일채움공제는 2년형과 3년형 두 유형이 있다. 2년형은 2년간 300만 원(매월 12만 5천원)을 적립하면 정부(취업지원금 900만 원)와 기업(400만 원, 정부지원)이 공동 적립돼, 2년 후 만기공제금 1,600만 원과 이자를 받을 수 있다. 3년형은 3년간 600만 원(매월 16만 5천원)을 적립하면 정부(취업지원금 1,800만 원)와 기업(600만 원, 정부지원)이 공동 적립돼, 3년 후 만기공제금 3,000만 원과 이자를 수령할 수 있다. 가입한 청년은 본인 납입금 대비 5배 이상을 수령해 미래 기반을 닦을 수 있는 좋은 기회다.

청년내일채움공제는 워크넷(청년공제 홈페이지)에서 신청할 수 있다. 운영기관의 워크넷 승인 완료 후에 중소기업진흥공단 홈페이지에서 청약을 신청해야 한다. 자세한 사항은 고용노동부 홈페이지나 고객상담센터(국번없이 1350)를 통해 더 알아볼 수 있다.

팩트체크

☑ **청년 근로자의 목돈 마련을 돕는 청년내일채움공제! 정부와 기업 지원금을 더해 납입금 대비 5배 금액을 적립할 수 있다.**

중소·중견 기업에 취업한 만 15세 이상 만 34세 이하 근로자가 그 대상이다. 2년형과 3년형이 있으니 잘 따져보고 나에게 맞는 것으로 가입하자.

50만 원 월세가 고민이라면, 청년 주거안정 월세대출

'청년 주거안정 월세대출'은 40~50만 원은 기본인 월세로 고민이 많은 청년들을 위한 제도다. 이번 대출은 매월 지급하는 월세 부담으로 고민하는 청년들이 안정적인 주거환경을 마련할 수 있도록 월세자금을 월 최대 40만 원씩, 2년간 960만 원 한도로 지원하는 청년 전용 대출상품이다.

대출 대상은 주거급여 대상이 아닌 무주택자로서 아래와 같이 우대형과 일반형으로 나뉜다. 만약, 청년 주거안정 월세대출을 받는 도중 주거급여 혜택을 받게 되면 대출금 지급이 중단된다는 것 또한 알아두자.

대출 대상 주택
• 형태상 제한 없음(단, 무허가 건물 등 불법 건물과 고시원은 대출 불가)) • 임차보증금 1억 원 이하 및 월세 60만 원 이하 • 임차 전용면적 85㎡ 이하(도시 지역이 아닌 읍 또는 면 지역은 100㎡ 이하)

대출 기간
• 2년 만기일시 상환방식(2년 단위로 총 4회 연장, 최장 10년까지 가능) • 주거급여 대상자로 확인된 경우 기한 연장 불가 • 기한 연장 시 1회 차는 상환 및 금리 가산 없이 처리, 2회 연장 시부터 대출 잔액 기준 25% 상환 또는 0.1% 가산 금리 적용(상환 또는 금리 변경을 못하는 경우 기한 연장 불가

출처: 국토교통부

우대형은 취업준비생으로 부모와 따로 거주하는 자와 독립하려고 하는 자 중, 만 35세 이하 무소득자로 부모 소득이 6천만 원 이하인 자, 희망키움통장 가입자, 대출신청일 기준 최근 1년 이내 수급사실이 인정되는 근로장려금 수급자 중 세대주(세대주로 인정되는 자), 취업 후 5년 이내의 자로 대출 신청일 기준 만 35세 이하이거나 부부합산 연소득이 4천만 원 이하인 자, 자녀장려금 수급자는 대출신청일 기준 최근 1년 이내 수급사실이 인정되는 자녀장려금 수급자 중 세대주(세대주로 인정되는 자)를 위한 상품이다. 일반형은 부부 합산 연소득이 5천만 원 이하인 자 중 우대형에 해당하지 않는 자를 위한 상품이다.

국토교통부 고시금리(변동금리)에 따라 우대형은 연 1.5%, 일반형은 연 2.5% 대출 금리가 적용된다. 평균 3.5~4%에 이르는 은행 금리에 비하면 아주 낮다고 볼 수 있다. 이자와 지연 배상금은 1일 단위로 계산하며, 지연배상금은 납입할 금액에 대해 연체이율로 적용된다. 지연배상금은 성실한 채무 이행을 확보하기 위해 채무자에게 부과하는 제재금으로, 이자와 연체가산금으로 구성된다. 쉽게 말하면, 채무 이행을 지체한 것에 대한 일종의 위약금이다.

대출 한도는 매월 최대 30만 원씩, 2년간 총 720만 원 한도로 대출이 가능하다. 만약 월세 40만 원의 방에서 자취를 하고 있는 대학생이 이 제도를 통해 월 20만 원을 대출 받는다고 하면, 나머지 금액인 20만 원만 월세비로 지출하면 되니 부담이 줄어든다.

대출 신청 절차는 가까운 은행(우리은행, KB 국민은행, IBK 기업은행, NH 농협, 신한은행)을 직접 방문해 상담 후 신청하면 된다. 내가 대상자인지 아닌지 잘 모르겠다면 국토부에서 운영하는 주거복지

» **청년 주거안정 월세대출 신청 절차**

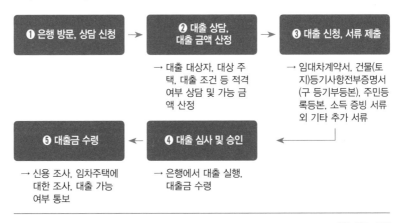

출처: 국토교통부

포털 마이홈(www.myhom.go.kr)에서 제공하는 '주거급여 자가진단'
을 받아보자.

EPILOGUE

재테크, 팩트체크는
선택이 아닌 필수!

아끼기만 해도 부를 축적할 기회를 잡을 수 있던 때가 있었습니다. 은행에서 15% 이자를 받을 수 있었고, 흑자를 내는 땅을 찾기도 쉬웠지요. 하지만 2018년의 2030은 그 같은 상황은 꿈도 꾸지 못하는 때를 살고 있습니다. 재테크 공부를 하지 않으면 돈을 모으고 불리기가 매우 어려워졌습니다.

억만장자이자 투자의 귀재, 워런 버핏은 "잠자는 동안에도 돈이 들어오는 방법을 찾아내지 못한다면 당신은 죽을 때까지 일을 해야만 할 것이다."라고 말했습니다. '저녁이 있는 삶'을 바라고, 안정적인 노후를 맞고 싶은 우리에게 끔찍한 이야기지요.

한국은행 발표에 따르면 18년 상반기 말 기준, 은행 총 예금 대비 가계예금 비중은 45.5%로 관련 통계를 내기 시작한 1975년 이래로 가장 낮은 수치를 기록했습니다. 이는 많은 이들이 요즘 같은 저금리시대에 예금에 매력을 느끼지 못하고, 다른 재테크 수단을 찾고 있음을 알려주는 통계입니다.

주식과 펀드, 부동산 등 재테크 수단이 다양해진 만큼 관련한 정보도 쏟아집니다. 선택의 폭이 넓어진 만큼 확실한, 좋은 정보를 골라내기가 매우 어렵지요. 한 번 더 강조하고 싶습니다. "재테크는 선택이 아닌 필수다. 확실하고 안전한 정보를 찾는 능력을 얻는 것은 개인의 노력에 달려있다."고 말입니다. 세상에 공짜는 없습니다. 여기저기서 들리는 명분 없는 유혹을 이기지 못하면 계속 빚이 있는 삶을 살아야 할 수도 있습니다.

《사회초년생 월급으로 살아남기》에는 재테크 체력을 기르는 기본기를 충실히 담았고, 이 책에는 재테크라는 기술을 부리기 전에 꼭 알아야 하는 팩트를 정리했습니다. 아는 만큼 보이기 마련입니다. 두 권의 책을 읽고, 이제 감으로 하는 재테크를 멈추고 확실한 전략을 세울 수 있게 되었기를 바랍니다.

이성헌

입사 3년차, 월급만으로는
살 수 없다는 걸 알았다

초판 1쇄 2018년 12월 12일

지은이 이성헌
펴낸이 전호림
책임편집 여인영
마케팅 박종욱 김혜원
영업 황기철

펴낸곳 매경출판(주)
등록 2003년 4월 24일(No. 2–3759)
주소 (04557) 서울시 중구 충무로 2(필동1가) 매일경제 별관 2층 매경출판(주)
홈페이지 www.mkbook.co.kr
전화 02)2000–2634(기획편집) 02)2000–2645(마케팅) 02)2000–2606(구입 문의)
팩스 02)2000–2609 **이메일** publish@mk.co.kr
인쇄·제본 (주)M–print 031)8071–0961
ISBN 979-11-5542-919-8 (03320)

이 도서의 국립중앙도서관 출판예정도서목록(CIP)은 서지정보유통지원시스템 홈페이지(http://seoji.nl.go.kr)와
국가자료공동목록시스템(http://www.nl.go.kr/kolisnet)에서 이용하실 수 있습니다.
(CIP제어번호:CIP2018036705)